Werner Sprenger, Schleichwege zum Ich II

Werner Sprenger
(Ten Gam)

Schleichwege zum Ich
II

Meditationstexte zur Selbstfindung: Werde der, der Du bist

Nie/nie/sagen-Verlag
Konstanz

Vor nunmehr zwei Jahren konnten wir, endlich, den Leiter des INTA-Meditationszentrums dafür gewinnen, ein Meditationsbuch zu schreiben.
Wenn ein erfahrener Meditationslehrer wie Werner Sprenger ein Meditationsbuch schreibt, darf man sicher sein, neue Erfahrungen mit Meditationen und mit sich selbst zu machen, die hin zu einem neuen Lebens- und Kommunikationsstil führen.

Lektorat und strukturelle Gestaltung:
Atina Haberkern
Joschi Wolfrum

1. Auflage 1979
2. Auflage 1980
3. u. 4. Auflage 1981
5. u. erweiterte 6. Auflage 1982

Printed in Germany
Herstellung: Fuldaer Verlagsanstalt, Fulda

ISBN 3-921778-42-5

Ich will den Menschen Mut machen, die zu sein, die sie noch nicht zu sein wagen.
Viele Wege führen nach Rom und Benares. UND viele Methoden, Techniken und Schulen führen zur „richtigen" Meditation. Und wichtig ist, daß der Meditierender sich für EINEN Weg entscheidet, der durch seine Entscheidung SEIN Weg wird. UND wer langsam seinen Weg geht, geht immer noch schneller sich entgegen als der, der schnell mal viele fremde Wege probeweise ein Stückchen rennt.
In der Meditation gibt es keine Anfänger und keine Fortgeschrittenen. Jeder Mensch, der sich und seine Mitmenschen ernst nimmt und sich diese uralte Frage nach dem Sinn seines Lebens stellt, ist ein Meditierender.
Die Meditation ist eine Übung, Einübung, sich selbst ganz kennenzulernen, voll sich selbst zu sein.
Der Meditierende öffnet sich sich selbst, und er verlangt nach sich selbst wie der Hungernde nach Brot.

Die INTA-Meditationen sind inhaltszentriert. Es wird keine besondere Körperhaltung verlangt, die innere Haltung ist wichtiger. So wie das Händefalten nicht das eigentliche Gebet ist, so ist die äußere Meditationshaltung nicht die eigentliche Meditation.

Die tiefere, vollere Wahrnehmung der inneren Wirklichkeit durch die Meditation schließt auch die genauere Wahrnehmung der gesellschaftlichen Zustände mit ein. Der Meditierende lernt genauer hinsehen, genauer hinfühlen. Und so kann er seine Augen natürlich nicht vor der Welt verschließen, in der er lebt. Meditation, das ist ein neues In-der-Welt-Sein, ein neuer, klarer Blick für das Gewohnte.

So wie eine Weltreise mit einem ganz gewöhnlichen ersten Fußgängerschritt beginnt, so beginnt die Veränderung der Welt mit der Veränderung des einzelnen Menschen. Wollen wir die Welt verändern — und das wollen wir doch alle —, dann beginnen wir doch alle erst einmal damit, uns selbst und unsere nächste Umwelt derart zu verändern, daß die Ausbeutung der Schwachen durch die Starken aufgehoben wird. Haben wir das in unserer nahen sozialen Umwelt geschafft, dann haben wir schon einen beträchtlichen Teil der Welt verändert.

Zwar wird in unserer Gesellschaft sehr viel von Freiheit gesprochen, doch sehr wenig oder überhaupt nicht gesprochen wird von den wirtschaftlichen Voraussetzungen dieser Freiheit, dieser viel gepriesenen, viel beschworenen, viel geschützten Freiheit, die sich nämlich nur von den Reichen und gar nicht von den Armen verwirklichen läßt. Diese Freiheit, sie kann so lange nicht Wirklichkeit für alle werden, solange dieser organisierte und vollautomatisierte Betrug der wenigen Reichen an den vielen arbeitenden Menschen nicht endlich aufhört.

Und damit dieser Betrug aufhören kann, muß er erst

einmal den Betrogenen klar werden. Wer von der Freiheit spricht, ohne von ihren wirtschaftlichen Voraussetzungen zu sprechen, der spricht von der Freiheit nur, um die Arbeitslosen und Rentner, um eben diese Freiheit zu betrügen.
Lassen wir aus uns nicht sizilianische Esel machen, denen man ein Bündel duftendes Heu an einem Drahtgestell vors Maul hängt, dem sie dann unter Aufbietung aller Kräfte den ganzen Arbeitstag nachlaufen, ohne ihn doch zu erreichen. Gleicht unsere Freiheit nicht diesem Bündel Heu?

Eines Tages begegnete der große Akschu Dse dem Teufel, den er sogleich erkannte. Dies verwunderte ihn. Dies verwunderte ihn um so mehr, als er noch nie den Teufel gesehen hatte und der Teufel sich ihm natürlich nicht als der Teufel zu erkennen gab und schon gar nicht wie der Teufel aussah. Trotzdem wußte Akschu Dse sofort: ja, dies ist der Teufel. Er konnte sich selbst nicht erklären, woher er dies so genau wußte und warum ihm der Teufel so bekannt vorkam. Schließlich erkannte Akschu Dse, im Zustand der Meditation, daß er sich selbst gesehen hatte, so wie seine Feinde ihn sahen. Als er am nächsten Tag wieder dem Teufel begegnete, sah er, daß der Teufel tatsächlich er war. Und als sie ihre Blicke aufeinander richteten, erkannten sie, daß sie tatsächlich eins waren.
DANK dem Sufi auf dem Pfad, dem großen Unscheinbaren, meinem Sufigefährten Jo Tin aus Benares dafür, daß er in mir das innere Feuer entzündet hat, indem er mir ein Koan gab UND den Mut und die Kraft, es mit der obigen Sufigeschichte zu lösen.

Durch die Beschäftigung mit dem Koan und den Sufigeschichten soll der Schüler aus seinen gewohnten Denkformen gelockt werden. Das Koan ist ein Rätsel, für das es keine „richtige Lösung" gibt, so wie das Leben ein Rätsel ist, das niemand löst. UND ein Koan läßt sich nicht lösen, bevor wir nicht das gewohnte Denken verlassen und mit mehr als unserem Verstand das Koan in uns aufnehmen. Das Koan darf nicht nur im Kopf, es muß im Herzen, in der Seele und im Bauch bewegt werden. Durch das Koan verstehen und lösen wir etwas, nicht indem wir über ein Koan nachdenken, sondern das Koan werden und dadurch verstehen, UND so löst jeder Mensch viele Koan.

Ich über mich

Die Grunderfahrung meines Lebens ist, daß sich meine Arbeit als Schriftsteller nicht trennen läßt von meinem täglichen Leben, ohne daß beide zerstört werden. Und ich habe erfahren, daß alles im richtigen Augenblick geschieht, wenn ich offen dafür bin. Niemand kann sein Schicksal selbst bestimmen. Sicher ist mein Leben bestimmt und geprägt worden durch den Krieg (Soldat von 1941-45) und die lange Gefangenschaft danach (bis 1948), durch mein Psychologiestudium, meine Arbeit mit den Drogenabhängigen und den jugendlichen Arbeitslosen und sicher auch durch meine Tätigkeit als Leiter des INTA-Meditationszentrums (IMZ seit 1960). In den drei Jahren in Benares und in Kalkutta lernte ich das indische Denken und Meditieren kennen, innerhalb und außerhalb der Ashrams. Im Trappistenkloster Gethsemani in Kentucky lernte ich das Schweigen, im Gespräch mit den „kranken Menschen" lernte ich das Sprechen.
Als Schriftsteller war für mich die entscheidendste Erfahrung, daß Gedichte heilende Wirkung haben auf kranke Menschen, ganz genau so wie das vertrauensvolle Gespräch, die Musik und der Tanz. Für mein Leben gilt, wie wohl für jedes Leben, daß das Ganze mehr ist als die Summe seiner Teile.
Wichtig ist für mich, wie einer lebt, und nicht, was er sagt, ob er wirklich in sich selbst ruht, ob er Freude weckt und Liebe, das ist es, worauf ich achten gelernt habe.

Liebe Leser dieses Buches,

der bloß Neu-Gierige sollte das Buch nicht lesen, denn Neugier widerspricht der inneren Haltung, die diese Texte brauchen. Diese Texte werden nur dem etwas geben, der offen ist und bereit für entscheidende Erfahrungen mit sich selbst. Sie bleiben stumm für den oberflächlichen Leser.
Wer sich bei diesem Buch nur auf das Lesen beschränkt, wird zwar manches verstehen, doch nicht so tief in das Buch eindringen können, um das zu erfahren, von dem das Buch wirklich berichtet. Wer Meditationstexte liest, ohne sie zu meditieren, wird durchaus fähig sein, manches zu erfahren. Doch er kommt mir wie jemand vor, der ein Buch übers Autofahren liest und die leichtesten Verkehrsregeln behält und glaubt, sich die Fahrschule ersparen zu können. Er wird zwar unter Autofahrern mit manchen Sätzen aufwarten können, doch beim ersten Versuch, ein Auto zu fahren, verginge ihm Hören, Sehen und Sprechen.

Sollten Sie noch Fragen zu den Hinführungstexten haben oder mir Ihre Erfahrungen, Gedanken und Gefühle zu den vorliegenden Meditationen oder eigene Meditationen mit-teilen wollen, bitte schreiben Sie mir. Ich

werde Ihnen sicher antworten, damit wir das Prinzip des lehrenden Lernens und des lernenden Lehrens in die Tat umsetzen.
Ich verbeuge mich vor meinen Schülern und Lesern, die auf einer höheren Entwicklungsstufe stehen als ich, und möchte Sie herzlich bitten, mich, den Lehrenden, lehrend lernen zu lassen und sich, als von mir Lernende, die Mühe zu machen, mich zu lehren, was ich nicht verstehen konnte ohne Sie. Denn ich glaube, daß jeder Mensch in meinem Leben seine Aufgabe hat, jeder.

Mit guten Wünschen

Werner Sprenger
Haus Kaltwasser
7801 St. Ulrich

Inhalt

* Meditationen (M), Assoziationsmeditationen (AM) und meditative Wahrnehmungsübungen (MWÜ) sind kursiv gedruckt.

WAS IST MEDITATION?

Nach einem alten, bekannten Zen-Spruch können wir in ein volles Glas keinen frischen Tee gießen. Was heißt das für die Meditierenden? Vergiß alles, was Du gelernt hast, damit Du lernen kannst, was Meditation ist. Mach Dein Gehirn, Dein Gedächtnis leer für dieses neue Wissen, das die Meditation vermittelt. Der Meditierende staunt über das Gewohnte und lernt neu sich und die Welt kennen.

Aus meiner zwanzigjährigen Erfahrung mit Meditationen habe ich gelernt, daß es wenig Sinn hätte, mein Buch mit einer langen theoretischen Einführung zu beginnen.

Die Meditation erklären wollen ist so, wie wenn ich die Liebe erklären wollte. Der Liebende weiß. Wer die Liebe nicht kennt, dem nützen alle Bücher über Liebe nichts. Was also tun? — Durch Tun lernen.

Was die Liebe angeht, so sind wir alle Eingeweihte. Das Kind, noch ehe es das Wort Liebe kennenlernt, weiß um die Liebe genau so gut oder besser als jeder Standesbeamte.

In der gleichen Art sind wir alle Wissende der Meditation.

Was Meditation ist, kann nur aus der unmittelbaren Erfahrung verstanden werden. Der Meditierende weiß, was Meditation ist, indem er meditiert. Darum wäre nichts überflüssiger als eine lange theoretische Einführung in die Meditation. In der ersten Meditation schon lernt der Meditierende viel mehr darüber, was Meditation ist, als er lernen könnte, wenn er nur „über" die Meditation lesen würde.

Es gibt Augenblicke, in denen wir ein Gesicht sehen, das wir schon Tausende Male gesehen haben, plötzlich sehen wir es zum ersten Male wirklich! Mit einem Gefühl des Staunens und der Ergriffenheit wird aus einem Gesicht ein Antlitz. Das IST Meditation.

WIE ICH SELBST DER WURDE, DER ICH BIN

Ich weiß, daß ich lange Zeit mit Wissen betrogen worden bin, das nichts von mir wußte.
Ich weiß, daß ich mit dem Gift dieses Wissens vorsätzlich vergiftet worden bin.
Ich weiß, daß man in dieser Gesellschaft diese vorsätzliche Methode der Vergiftung Erziehung nennt.
Ich weiß, daß meine Erzieher selbst Opfer waren und lebenslang am Gift ihres Wissens dahinsiechten.
Ich weiß, daß heute noch dieses Gift in mir wirkt.
Ich weiß, daß ich noch nicht gerettet bin.
Doch ich weiß, daß ich dieses Wissen nicht mehr wissen will, dieses Wissen, das nichts von mir weiß, von meinen Träumen, meinen Wünschen, meinem Lebensrecht.
Ich will nichts mehr von einem Wissen wissen, das nichts von mir weiß.
Je mehr ich lernte, desto fremder wurde ich mir. Und je fremder ich mir wurde, desto leichter lernte ich.
Darum weiß ich: die Befreiung zu mir kommt nicht von draußen. Die Wahrheit meines Lebens ruht in mir und nicht in dem angefertigten und vorgefertigten Wissen, mit dem ich in der Schule und von auf Lebenszeit beamteten Denkern abgefertigt worden bin.

Dieses Wissen hat mich verkrüppelt.
Dieses Wissen hat mich um mich selbst gebracht.
Dieses Wissen hätte mich fast umgebracht, ohne daß ich es merkte.
Der Prozeß meiner Gesundung und Selbstverwirklichung besteht darin, daß ich mich leer mache von diesem Wissen, es ausleere wie Müll, um frei zu werden für das Wissen, das mich frei macht.

Im folgenden gebe ich einen kurzen Abriß meiner eigenen Selbstwerdung, weil ich der Meinung bin, daß der Meditierende ein Anrecht darauf hat zu erfahren, wie ich mich selbst verändert habe. Ich bin ja nicht immer der gewesen, der ich heute bin.
Lange Zeit hielt ich die Gedanken, Gefühle und Wünsche, die von mir erwartet wurden, für meine eigenen Gefühle, Gedanken und Wünsche. Ich war ganz abhängig davon, was andere von mir erwarteten, wie andere auf mich reagierten, wie andere mich sahen, was andere von mir dachten, wie andere mich bewerteten, wie andere mich akzeptierten.
Nach Begegnungen oder Gesprächen mit anderen Menschen dachte ich weniger über die Begegnung und über die Gespräche nach als darüber, was ich wohl für einen Eindruck gemacht hätte, was wohl die anderen von mir denken würden, jetzt.
Wie die meisten Menschen brachte ich es einfach nicht fertig, mir eigene Gedanken über mich selbst zu machen. (Erst viel später begriff ich: solange du dein Urteil über dich selbst von den Meinungen anderer abhängig

machst, so lange hast du keine eigene Identität.) Ich ging in jede Situation hinein wie in eine Prüfung, die ich zu bestehen hatte. Und weil ich Angst hatte durchzufallen, machte ich ALLE Menschen zu Richtern über meinen Wert. Und so wurde ich unsicher, bekam Angst vor den Menschen, wurde immer abhängiger von ihren Urteilen, von ihren Reaktionen auf mich.
Heute gibt es weder Menschen noch Situationen, die mir Angst machen oder die meine Selbstachtung gefährden könnten. Heute weiß ich, solange ich mich wirklich selbst achte, genau so lange bin ich unabhängig von aller Fremdachtung. Ich brauche die Achtung der anderen nicht mehr, um mich selbst zu achten. Seitdem lebe ich mich. Und Situationen sind nicht mehr Prüfungssituationen, sondern Gelegenheit, neue Erfahrungen mit mir und mit anderen zu machen. Und ich bin wieder neugierig auf mich geworden. Und ich muß nicht mehr ängstlich bemüht sein, die Forderungen meines Selbstideals zu erfüllen, denn ich habe endlich begriffen, daß dieses Selbstideal (diese Selbstvorstellung, dieses Selbstkonzept) nicht von mir sind und auch nicht für mich sind, sondern mir von anderen anerzogen, andressiert worden sind. Seitdem ich das Selbstideal getötet habe, seitdem lebe ich wieder. Töte Dein Selbstideal, und Du wirst leben. Denn Du wirst nicht mehr der sein müssen, der Du im Grunde, wenn Du auf DEINEN Körper achtest und auf DEINE Gefühle, gar nicht sein möchtest und auch nie warst.
Ja, meine Werte und mein Wertsystem unterscheiden sich in manchem von dieser Gesellschaft. Ich akzeptiere diese Gesellschaft und ihre Funktionäre nicht mehr,

wenn sie mich nicht akzeptieren. An der Achtung von Menschen, die ich selbst nicht achten kann, ist mir heute nichts mehr gelegen — ganz im Gegenteil: die Verachtung jener Leute zeigt mir, daß ich auf dem richtigen Wege bin, und sie stärkt meine Selbstachtung.
Und doch bin ich natürlich, wie jeder Mensch, abhängig von anderen Menschen in der Vorstellung, die ich von mir selbst habe. Doch dies sind nur wenige Menschen, Menschen, mit denen ich lebe, mit denen ich für eine bessere Gesellschaft arbeite, Menschen, denen ich vertraue, vertraue mehr als mir selbst und die ich liebe, liebe mehr als mich selbst.

Hinführung 1

WIE MEDITIEREN?

Wie meditieren?

Jede INTA-Meditation beginnt und endet damit, daß der Meditierende erst einmal auf seinen Atem achtet. Dadurch lernt der Meditierende die Körpersprache seines Atems kennen. So sagt mir ein ruhiges, entspanntes Atmen: ich bin ruhig, oder ein unruhiges, flaches Atmen: ich habe Angst, ich bin angespannt. Wichtig dabei ist, daß der Meditierende keinesfalls versucht, seinen Atem zu beeinflussen. Der Atem wird von selbst ruhiger, wenn der Meditierende ihn in der Anfangsphase der Meditation zum Gegenstand bewußter Wahrnehmung macht.
In der Endphase der Meditation wird sich die tiefere Entspannung regelmäßig in einer vertieften, ruhigeren Atmung zeigen.
Der Meditierende wird bald die Sprache seines Atems verstehen lernen. Und der Vergleich zwischen der Atmung in der Anfangs- und in der Endphase wird den Meditierenden von der entspannenden Wirkung der INTA-Meditationen mehr überzeugen können als noch so überzeugende Erfolge, die er von anderen hört.
Der Atem ist ein zentraler Ort, wo Körper und Seele für jeden deutlich zusammen wahrnehmbar sind.

Die Meditation besteht aus zwei Teilen zu je zehn Minuten. Lesen Sie sich in den ersten zehn Minuten den Meditationstext gleichsam immer wieder selber vor. Es ist wichtig, nahe am Text zu bleiben, im Text zu bleiben, sich dem Text zu überlassen. Und bitte bleiben Sie in jedem Fall auch dann beim Meditationstext, ja gerade dann, wenn der Meditationstext noch nicht zu Ihnen gefunden hat, noch nicht zu Ihnen spricht. Wiederholen Sie trotzdem den Text so lange, bis die zehn Minuten abgelaufen sind. Verfahren Sie dabei nach eigener Einschätzung. Es kommt nicht auf die Minute an. Der erste Teil kann sich um ein paar Minuten verkürzen oder verlängern, ohne die Sitzung der Meditation zu beeinträchtigen.

Bei längeren Texten werden natürlich einzelne Sätze sich für Sie besonders stark hervorheben und bei Ihnen Gefühle, Gedanken, vielleicht auch Erinnerungen und Bilder auslösen. Bleiben Sie trotzdem nicht — im ersten Teil der Meditation — bei diesen für Sie wichtigen Sätzen und Einfällen hängen, sondern lesen Sie weiter.

Richten Sie also Ihre Aufmerksamkeit nicht auf einzelne Sätze. Weil wir immer nur einen Gedanken denken können, würde dieser einzelne Satz zu früh in den Vordergrund Ihrer Aufmerksamkeit treten und die anderen Sätze zurück in den Hintergrund drängen. Die Meditation ist jedoch ein Ganzes. Sie besteht nicht nur aus den Sätzen, die Ihnen im Augenblick so wichtig sind. Sie werden diese Sätze sowieso nicht vergessen. Vertrauen Sie ruhig der Kraft Ihres Unbewußten.

Anstatt Ihre Aufmerksamkeit auf einzelne Sätze zu richten, richten Sie bitte Ihre ganze Aufmerksamkeit

darauf, daß Sie wirklich den ganzen Text erst einmal zehn Minuten lang sich vorlesen.
Das ist alles, was Sie im ersten Teil der Meditation zu tun haben: den Text zehn Minuten zu wiederholen, nichts als ihn immer wieder zu wiederholen.
Durch dieses Wiederholen, dieses Wiederholen ohne Anstrengung Teile des Textes ergründen oder behalten zu wollen, bekommen Sie einen breiten und tiefen Kontakt zum Gesamttext. Würden Sie gleich beim ersten oder zweiten Lesen diesen oder jenen Satz besonders durchdenken oder Ihre Aufmerksamkeit auf einen Sinn richten, den Sie herausgefunden haben, reduzierten Sie den vollen Sinn des Textes auf einen Teilsinn. Dadurch würden Sie die volle Wahrnehmung unterbrechen, die nötig ist, um mit dem Text auch in Fühlung zu kommen. Ihr Unbewußtes nimmt viel mehr wahr, während Sie lesen, als Ihr Verstand. Dieses Eingrenzen auf wichtige Textstellen wird im zweiten Teil der Meditation ganz von selbst geschehen, dann jedoch — und das ist das Wichtigste — **nach** der vollen Wahrnehmung des Textes als Ganzes.

Vermeiden Sie im ersten Teil überhaupt jede Anstrengung, den Text behalten zu wollen. Drängen Sie sich nicht mit Forderungen nach einem bestimmten Ergebnis. Haben Sie auch hier Vertrauen zu Ihrem Unbewußten. Sie werden jetzt genau das behalten, was jetzt für Sie wichtig ist. Die Meditation wird Ihnen dann am meisten geben, wenn Sie am wenigsten von sich und ihr fordern.
Vertrauen Sie darauf, daß etwas in Ihnen bewegt wor-

den ist und sich weiter bewegen wird. Die einzelnen Meditationstexte werden bei Ihnen — je nach Stimmung oder Lebenssituation — Gedanken, Erinnerungen und Gefühle auslösen. Weisen Sie Ihre Gedanken, Ihre Erinnerungen und Ihre Gefühle auch im ersten Teil nicht als Störungen ab: sie gehören zum Text. Doch kommen Sie immer wieder zurück auf den genauen Wortlaut des jeweiligen Meditationstextes.

Für den zweiten Teil legen Sie das Buch beiseite und versuchen Sie den Text erst einmal zu vergessen. Und achten Sie erneut darauf, daß Sie entspannt sind. Nehmen Sie die für Sie bequemste Lage ein. Legen Sie sich ruhig hin und schließen Sie die Augen, wenn Ihnen danach zumute ist. Und achten Sie wieder kurz auf ihren Atem. Und nun warten Sie entspannt und heiter auf Gedanken und Gefühle. Vielleicht taucht jetzt wieder der eine oder andere Satz auf oder das eine oder andere Gefühl. Denken Sie jetzt ruhig und entspannt darüber nach, und überlassen Sie sich dem Gefühl, ohne sich dagegen zu wehren, auch wenn es Ihnen nicht passend erscheint oder von ihnen nicht erwartet worden ist. Vor allem, **denken** Sie nicht, wie Sie fühlen müßten: „eigentlich müßte ich mich doch jetzt entspannt fühlen oder froh oder traurig", vielmehr: fühlen Sie das Gefühl, das auftaucht, ohne Wenn und ohne Aber. Und vielleicht fallen Ihnen auch Erlebnisse ein, die Sie vor kurzem oder als Kind hatten. Achten Sie auf die Gefühle, die diese Erinnerungen bei ihnen auslösen. Könnten die Erinnerungen im Zusammenhang mit diesem oder jenem Satz, mit diesem oder jenem Gefühl stehen?

Überlassen Sie sich während des ganzen zweiten Teiles, locker und entspannt, Ihren Einfällen, Ihren Gedanken, Ihren Gefühlen.
Schließen Sie den zweiten Teil erst dann ab, wenn Sie das Gefühl haben, daß Ihre inneren Bewegungen zur Ruhe gekommen und so etwas wie ein Ganzes geworden sind, das Sie ruhig stehenlassen können. Es kann also sein, daß der zweite Teil kürzer als zehn Minuten oder viel länger dauert. Fühlen Sie sich nicht fest an die Zeit gebunden.
Es ist auch nicht für die Meditation beeinträchtigend, wenn der zweite Teil viel länger dauern sollte oder wenn Sie dabei einschlafen sollten. Vielleicht haben Sie während des kurzen Schlafes Träume, die Ihnen etwas sagen wollen. Ebenso beeinträchtigt es die Meditation in keiner Weise, sollten überhaupt keine Sätze oder Gefühle auftauchen und Sie das Bedürfnis haben, ruhig dazuliegen und sich dem wohligen Gefühl der Entspanntheit zu überlassen.
Denn die Meditation ist ein Ganzes, zu der auch diese „Denk- und Gefühlsstille" gehören. Wie überhaupt die Meditation als Ganzes einen Prozeß in Gang setzt, der mit dem Ende der Meditation natürlich nicht abgeschlossen ist. Bitte, fassen Sie sich selbst als einen unabgeschlossenen, in Gang befindlichen Prozeß auf. Sie werden die Wirkungen der Meditation nicht nur jetzt spüren, sondern auch dann, wenn Sie diese Wirkungen am wenigsten erwarten. Allmählich werden Sie dieses neue In-der-Welt-Sein auch in den alltäglichsten Situationen erfahren, ohne genau sagen zu können, das ist die Wirkung dieser oder jener Meditation. Der Wir-

kungseintritt einer Meditation ist anders als bei Medikamenten. Ich kann Ihnen nicht sagen: diese Meditation wirkt innerhalb von zwanzig Minuten: Meditation rein — Schmerz raus. Doch ich kann Ihnen sagen: jede Meditation hat ihre Wirkungen. Und es werden genau die Wirkungen sein, die für Sie wichtig sind.

Meditationen

ICH meditiere, um mehr über mich zu lernen *und mich besser kennenzulernen UND gebe mir mit mir genau so viel Mühe, wie ich mir Mühe gebe, fremde Menschen kennenzulernen und zu verstehen. Und dazu brauche ich viel Geduld mit mir und viel Rücksicht, um mich nicht zu verletzen. UND ich bewerte nichts mehr, sondern nehme die Gedanken und die Gefühle, die kommen und gehen, als Tatsachen hin, so wie ich das Wetter, die Wolken am Himmel oder die Farbe meiner Augen hinnehme.* *M 1*

ICH habe ein Recht, ich zu sein. *Es gibt niemanden, der mir sagen könnte, wie ich sein müßte oder sein sollte, um ich zu sein. Ich bin es, der 24 Stunden lang ich sein muß. UND ich will keine Lüge sein. Ich will nicht nach einer vorgeschriebenen Art ich sein. UND ich will auch nicht mehr anders sein aus Angst, abgelehnt zu werden. Ich will das falsche Spiel nicht mehr spielen, das falsche Spiel der vielen Ichs, die wie Anzüge im Schrank hängen, für jede Gelegenheit einen passenden. Ich will nicht mehr für mich ein anderes Ich sein als für andere, A gegenüber anders sein als B gegenüber und C gegenüber anders als D gegenüber und immer, immer so weiter. Ich habe ein Recht, ich zu sein, und wer mir dieses Recht nicht zugesteht, der hat auch kein Recht, mir zu sagen, wie ich seiner Meinung nach sein müßte.* *M 2*

ICH weiß von mir Dinge, die niemand sonst weiß. *Gerade dieses Wissen brauche ich, um mich tiefer zu verstehen, UND dazu brauche ich diese Informationen über mich, die nur ich mir geben kann. Doch gerade dieses geheime Wissen von mir habe ich früher verdrängt und verleugnet, um mir ein ideales Bild von mir zu erhalten und um geachtet und geliebt zu werden. DOCH gerade dieses Idealbild von mir verhinderte jeden tieferen Kontakt zu mir selbst und zu anderen und verhinderte auch, daß ich so geachtet und geliebt wurde, wie ich bin. Alle kannten ja nur mein Ideal-Bild, niemand kannte mich.* *M3*

ICH werde so lange keine neuen Erfahrungen machen, *solange ich ängstlich darauf bedacht bin, daß sich nichts in meinem Leben verändert. UND solange mein Leben nur aus sich immer und immer wiederholenden Gewohnheiten besteht, kann auch ich mich nicht ändern. Zwar kann ich nicht die Art meiner Erfahrungen bestimmen, doch ich kann, indem ich manchmal ganz bewußt anders als gewohnt handle und mich hin und wieder bewußt neuen Situationen aussetze, darüber bestimmen und dafür Verantwortung tragen, daß neue Erfahrungen in mein durch Gewohnheiten abgeriegeltes Leben kommen.* *M4*

Ich bin mehr als meine sozialen Rollen

ICH bin mehr als meine Rollen. Ich bin mehr als alle sozialen Rollen, die ich in der Gesellschaft spielen muß. Ich bin mehr als der Bekannte meines Bekannten, mehr als der Freund meines Freundes, mehr als der Angestellte an meinem Arbeitsplatz, mehr als der Vater meiner Kinder, mehr als der Mann meiner Frau, mehr als der Partner meiner Partnerin. Ich bin das alles auch und — ich bin das alles auch nicht. Ich bin der, der wahrnimmt: hier spielst du eine soziale Rolle. Ich bin der, der fragt: soll ich sie spielen? UND ich bin der, der entscheidet, ob ich diese Rolle spielen werde oder nicht. UND ich bin der, der die Verantwortung für seine Rolle übernimmt. *M5*

ICH habe lange Zeit geglaubt, daß ich von anderen lernen müsse, ich zu sein. *UND ich unterdrückte alles von mir, um so zu sein, wie die anderen mich lehrten, daß ich sein müsse, um von ihnen anerkannt, geachtet und geliebt zu werden. Jetzt fühle ich, daß ich ich bin und so wenig lernen muß, ganz ich zu werden, so wenig ein Sonnenblumenkern lernen muß, ganz eine Sonnenblume zu werden. Und ich glaube, daß jeder Mensch die angeborene Fähigkeit hat, genau der zu werden, der er ist.* *M6*

ICH muß erst wissen, wer ich bin, mit wem ich es mit mir zu tun habe, *ehe ich darangehen kann, mich zu ändern. Wer bin ich? Das ist die Frage, die mich jetzt am meisten interessiert. Lange Zeit interessierte ich mich für alle anderen Menschen mehr als für mich selbst. Ich glaube, wer sich selbst nicht kennt, lernt auch andere Menschen nicht richtig kennen. Menschenkenntnis beginnt bei mir selbst. UND was ich bei den Meditationen über mich erfahre, erfahre ich gleichzeitig auch über andere Menschen. Das wird mir immer wieder bewußt, wenn ich Freunden offen mitteile, was ich Neues in der Meditation über mich erfahren habe.* *M 7*

ICH fürchtete mich früher davor, von anderen Menschen abgelehnt *oder nicht geachtet oder nicht geliebt zu werden. Am meisten hatte ich Angst davor, nicht ernst genommen zu werden, weil ich mich selber nicht ernst nahm. Immer wollte ich einen guten Eindruck machen. So verlor ich immer mehr den Kontakt zu mir selbst. Ich benutzte mich nur noch dazu, einen guten Eindruck zu machen. UND ich fühlte mich dauernd unsicher, hilflos und schlecht. Ich kam gar nicht auf die Idee, ich selbst zu sein. Manche Meditationen öffneten mir die Augen für mich selbst. Jetzt achte ich darauf, ich zu sein, und ich fühle mich wohl dabei, weil ich Menschen gefunden habe, bei denen ich ich selbst sein kann.* *M 8*

ICH ziehe es vor, ich zu sein, *denn ich habe herausgefunden, daß ich am meisten zu mir passe. UND natürlich habe ich Fehler. Und natürlich bin ich nicht vollkommen. Doch ich bin lieber mit all meinen Fehlern ich, als die Imitation eines anderen noch so vollkommenen Menschen.* *M 9*

ICH erfahre es jeden Tag und jeden Tag von neuem, daß ich in einer Eigentumsgesellschaft lebe. *Alles ist Eigentum von irgend jemandem. Ich kann nichts anfassen, nichts betrachten, über kein Stück Boden gehen, ohne daß ich die Botschaft empfange: Eigentum, Eigentum, Eigentum. Jeder trachtet danach, Eigentümer zu werden, und weil der Erwerb von Eigentum das ist, worauf es in dieser Gesellschaft wirklich ankommt, wird nichts so streng bestraft wie Diebstahl. Doch die schwersten Diebstähle werden nicht bestraft. Ich wurde mir gestohlen, planmäßig gestohlen durch Erziehung und Schule, ohne daß die Diebe bestraft worden sind. Jetzt bin ich dabei, mich mir wieder anzueignen, Stück für Stück, UND mich wieder von denen zurückzuholen, die diese gestohlenen Stücke für sich nutzten.*

M 10

ICH lebe eine Lüge, *wenn ich fremde Wünsche und Bedürfnisse mehr berücksichtige als meine eigenen Wünsche und Bedürfnisse. UND ich belüge mich selbst, wenn ich meine eigenen Wünsche und Bedürfnisse nicht wahr- und nicht ernst nehme. DENN nur aus der Befriedigung meiner eigenen Wünsche und Bedürfnisse empfange ich mein Glück und die innere Zufriedenheit, die ich sonst vergeblich suche. Ich kann durch fremden Mund nicht satt werden.* *M 11*

ICH erkenne jetzt, daß ich viel Kraft damit verbraucht habe, um der zu scheinen, der ich nicht war, *um aus meinem Leben etwas zu machen, das es nicht war. UND ich weiß, daß es vielen meiner Bekannten genauso geht. Wenn wir beisammen waren, waren wir die ganze Zeit die, die wir nicht waren, sagten Worte, die wir nicht meinten, drückten Gefühle aus, die wir nicht hatten. Dieses falsche Spiel verbrauchte den größten Teil meiner Lebenskraft. UND ich bekam für diese Kraft nichts zurück als neue Lügen. Kann sein, daß ich mir manchmal heute auch noch etwas vormache, doch dieses Spiel spiele ich nicht mehr mit, weil ich es endlich durchschaut habe. Wenn ich heute Gefühle ausdrücke, sind es die Gefühle, die ich fühle, und nicht die, zu denen ich mich verpflichtet fühle, sie zu fühlen.* *M 12*

ICH probiere ich zu sein, *und je mehr ich probiere ich zu sein, um so mehr erfahre ich über mich. Solange ich mir von anderen vorschreiben ließ, wie ich sein müßte, erfuhr ich wenig über mich. UND ich blieb immer der gleiche, und die Welt blieb immer die gleiche.* *M 13*

ICH habe mich lange Zeit selbst daran gehindert, ich zu sein. *UND ich war mir manchmal nicht wirklicher in der Rolle, die ich gerade spielte, als mir irgendein fremder Schauspieler war in irgendeinem schlechten Stück im Theater. Je mehr ich mir über meine wirklichen Bedürfnisse klar werde, desto wirklicher werde ich mir.*

M 14

ICH bin an einem guten Ort, *wenn ich dort so sein darf, wie ich bin. Und ich meide Menschen und Orte, wo ich mich verstellen muß, um akzeptiert zu werden.*

M 15

ICH bin nicht mehr bereit, Forderungen oder Erwartungen zu erfüllen, *die mich zwingen, mich zu enttäuschen oder mich zu verachten oder unaufrichtig mir gegenüber zu sein.* *M 16*

ICH werde mich in Zukunft viel bewußter neuen Situationen und neuen Erlebnissen aussetzen, *weil ich die Erfahrung gemacht habe, daß sie in mir neue Gefühle und neue Gedanken auslösen und die durch unzählige Gewohnheiten zugemauerte Ichwelt aufbrechen.* *M 17*

ICH habe erfahren: Wissen, das mir durch eigene Erlebnisse vermittelt worden ist, *ist für mich ein ganz anderes Wissen als das Wissen, das mir Bücher vermitteln. Wissen durch eigene Erfahrung, ist ein Wissen ganz besonderer Art. (Anders ist es mit Gedicht- und Tagebüchern, weil mir in ihnen der Mensch dahinter zum Erlebnis wird.)* *M 18*

ICH werde in Zukunft meine Wünsche und Bedürfnisse ernster nehmen. *Jeder starke, immer wiederkehrende Wunsch soll mir in Zukunft ein Warnsignal sein, daß etwas in mir nach Leben und Ausdruck verlangt, etwas, das ich unterdrücke, bewußt oder unbewußt — gelernt habe zu unterdrücken.* *M 19*

ICH will lernen, endlich mehr in der Wirklichkeit zu leben *als in meinen Erwartungen und meinen Vorstellungen und Projektionen. Und so werde ich in Zukunft, wenn ich eine Spannung oder Angst fühle, mich fragen: Bezieht sich diese Angst jetzt auf eine negative Erwartung, oder ist meine Angst eine Reaktion auf etwas, was jetzt geschieht, in diesem Augenblick? Ich will lernen, mehr in der Wirklichkeit als in Erwartungen zu leben. Ich verliere die Wirklichkeit um so mehr, je mehr ich mit meinen Gedanken und Gefühlen, Wünschen und Vorstellungen in den Erwartungen hängen bleibe.*

M 20

ICH erlebe immer nur meine Wahrnehmungen der Wirklichkeit, *nicht die Wirklichkeit selbst. Und ich weiß, daß meine Wahrnehmungen der Wirklichkeit sehr verschieden sein können von der Wahrnehmung der Wirklichkeit anderer Menschen.* *M 21*

Je mehr ich etwas von mir unterdrücke, desto mehr muß ich mich immer wieder und wieder vom Gegenteil überzeugen: Stärke vorzeigen, wo ich Schwäche unterdrücke, Mut vorzeigen, wo ich Angst unterdrücke, Überlegenheit vorzeigen, wo ich Unterlegenheitsgefühl unterdrücke. *M 22*

Wir Menschen sind so unvollkommen, fehlerhaft und schwach, daß wir uns nur achten können, wenn wir uns gegenseitig Vollkommenheit, Unfehlbarkeit und Stärke vormachen. M 23

Die Worte bleiben die gleichen, während sich unser Wissen verändert von dem, was sie bedeuten. (Neulich las ich dreißig Jahre alte Sätze von mir — dreißig Jahre neue Sätze von mir.) M 24

Sag nie „Auf Wiedersehen", besonders nicht zu einem geliebten Menschen, ohne daran zu denken, daß ein Wiedersehen durch nichts und niemanden gewährleistet ist. M 25

Ich lebe so nah mit mir Tag und Nacht, wie kein anderer Mensch mit mir lebt. Ich habe die intimsten Erfahrungen mit mir. Warum traue ich ihnen nicht? M 26

Nicht zwei Tage im Leben eines Menschen, die einander völlig gleich wären — wie viel weniger zwei Monate oder zwei Jahre. M 27

Sie haben nun eine Reihe von Meditationen gemacht, fühlen Sie etwas Neues, etwas, was Sie sonst nicht gefühlt haben? Sind Ihre Gefühle und Gedanken verändert, fühlen Sie sich selbst wesentlich anders als vor den Meditationen? Ist es das, was Sie sonst vermißt haben? Ist es das, was Sie haben wollten? Sind Sie sich näher gekommen? Haben Sie mehr Fühlung mit sich selbst und Ihrem Körper bekommen?
Meditationen zu einem gewohnten Teil Ihres täglichen Lebens werden lassen. UND geben Sie mehr acht auf Ihren Körper, auf ihre Körpergefühle: wenn Ihr Körper ja sagt oder nein.
Wenn wir uns jeden Tag zur gleichen Zeit zur Meditation zurückziehen, werden wir allmählich zu dieser Zeit ein Meditationsbedürfnis und eine Meditationsstimmung spüren, was hilfreich ist.

Bitte, fragen Sie sich jetzt: Nehme ich jetzt mich und andere genauer wahr? Nehme ich jetzt die Welt, in der ich lebe, genauer wahr? Ist die Beziehung zu mir selbst jetzt anders als vorher? Ist die Beziehung zwischen anderen und mir jetzt anders als vorher? Und ist die Beziehung zwischen meinem Partner und mir anders als vorher? Was, genau, ist anders als vorher?

Hinführung 2

WARUM MEDITIEREN?

Das Verwirrende und auch Schwerste an der Meditation ist ihre Einfachheit.

Die Meditation ist eine Erfahrung des ganzen Menschen, nicht nur seines Kopfes. Darum kann sie nur durch eigenes Leben ganz verstanden werden und nicht durch Lesen darüber. WORTE ALLEIN können auch hier keine Erfahrungen vermitteln. Wer nur durch Worte weiß, weiß weniger, als er weiß. Hier ist die eigene Erfahrung des Lesers die Grundlage des Verstehens dessen, was in diesem Buch beschrieben wird.

Meditation ist ein Zustand geistiger, körperlicher und seelischer Offenheit und Fühlfähigkeit. Dieser Zustand beschränkt sich nicht nur auf den Zeitraum der Meditation, sondern führt allmählich zu einem stärkeren Erleben der Gegenwart und läßt uns an uns selbst und an anderen, an unserer Umwelt und der Natur viel mehr und genauer wahrnehmen.

Mit denen, die meditieren lernen wollen, ist es ähnlich wie mit Kindern, die in die Schule kommen. Eigentlich wissen sie schon alles. Und wirklich lernen brauchen sie nur noch ein paar nebensächliche Dinge wie lügen, schreiben, lesen, rechnen, berechnen, verschweigen, was sie wirklich denken, Interesse heucheln, wo sie keines haben. Kurz und schlimm: sie verlernen vieles wieder, was sie schon wußten, als sie in die Schule kamen, und später als Erwachsene wieder mühsam zu lernen haben.
Wir unterrichten im INTA-Meditationszentrum nach der Methode: LEHREND LERNEN, LERNEND

LEHREN. Eigentlich habe ich von jedem Schüler gelernt, was ich ohne ihn niemals gelernt hätte. Vor allem, ich lernte ihn, einen Menschen kennen, erlebte seine Not, seine Angst, seine Verzweiflung und dann seine Stärke, seine Freude, seinen begeisternden Mut.

Und natürlich lernte auch jeder Schüler von mir. Er lernte mich kennen, erlebte meine Angst, meine Not, meine Verzweiflung und auch meine Stärke, meine Lebensfreude, meinen Mut zur Selbsterkenntnis, mein Wissen über Meditationen.

Aus diesen Erfahrungen und aus dieser Grundhaltung dem Lehren und Lernen gegenüber gehe ich in meinem Buch einen neuen Weg. Das Buch beginnt mit Meditationen. Auf die Idee bin ich gekommen, als ich kleinen Kindern beim Schwimmen zusah. Der Schwimmlehrer machte sie zuerst mit dem Wasser vertraut, nicht indem er ihnen das Wasser erklärte, seine chemische Zusammensetzung, seine Gefahren, er legte sie ins Wasser, wobei er sie vorher tief Luft holen ließ. — Und siehe da: sie schwammen, schwammen so gut, daß sie eigentlich nicht mehr schwimmen lernen wollten.

Nach und nach erklärte er ihnen die einzelnen Schwimmbewegungen und Schwimmtechniken.

Genau so halte ich es mit meinen Meditations-Hinführungstexten (HF). Sie beginnen einfach, eben mit Luft holen, auf Atem achten, entspannen, damit der Meditationswillige erst einmal schwimmt. Nach und nach führen ihn die HF-Texte tiefer in die Meditationen ein.

Überhaupt kommt es mir darauf an, daß der Lernende eigenen Erfahrungen — eigenen Meditationserfahrun-

gen — in den Sätzen der HF-Texte begegnet.
Kinder lernen am schnellsten, wenn der Lehrende ihnen die Dinge, die sie lernen sollen, in die Hände — ZUM BEGREIFEN gibt. Heute weiß man: am schnellsten begreifen die Kinder das, was sie mit ihren Händen begreifen dürfen. Willst du sie lehren, was Marmor ist, gib ihnen ein Stück Marmor in die Hände und sie werden nie vergessen, was Marmor ist. Willst du sie lehren, was Buchstaben sind, laß sie einen Text drucken, Buchstabe für Buchstabe, und sie werden sich jeden Buchstaben einprägen, während sie die Worte zusammensetzen im Druckkasten.
Mit der Meditation ist es nicht anders. Darum kann ich mit gutem Gewissen, aus guter Erfahrung, jedem garantieren, der das Buch jetzt in den Händen hält: er wird am Ende des Buches ein anderer sein. Selbst dieses Buch, das Sie jetzt in Händen halten, wird dann ein anderes sein.
Voraussetzung allerdings ist, daß der Meditationswillige bereit ist, den Sinn dieser Sätze an seinem eigenen Leben und seinen eigenen Erfahrungen zu überprüfen. Und sollte der eine und andere Meditationssatz für ihn nicht einsichtig sein oder keinen Sinn ergeben, auch das hat dann etwas zu sagen, ihm wie mir.
Ich möchte an eine Anekdote erinnern: Dem Weisen Laotse wurden Gesetzestexte im üblichen undurchsichtigen Juristenjargon vorgelegt. Er betrachtete diese Texte kurz und sagte lächelnd: „Wehe denen, die das verstehen!"
Also, nicht unbedingt, nicht zu schnell verstehen wollen. Die Identität der Worte ist sowieso trügerisch. Und

jeder liest doch nur das, was er versteht. Und das muß nicht immer genau dasselbe sein, was der Autor verstanden hat und verständlich machen wollte.

In der Meditation gibt es keine Anfänger und keine Fortgeschrittenen. Jeder Mensch, der sich und seine Mitmenschen ernst nimmt und sich diese uralte Frage nach dem Sinn seines Lebens stellt, der ist ein Meditierender. Und wer sich selbst nicht ernst nimmt, der wird sich auch kaum für diese Frage interessieren. Denn es ist die ernsteste Frage, die wir uns stellen können. Und wer sich diese Frage nicht stellt, dem nützen alle Meditationslehren und alle Meditationslehrer nichts — im Gegenteil. Wissen und Einsichten, die keinen Einfluß auf unseren Alltag haben, sind uns gefährlicher als Nichtwissen. Meditieren ist keine romantische Beschäftigung für Unterbeschäftigte, Meditieren erfordert Mut, Ernst und Hingabe.

Allerdings nützt es nichts, ernst und hingebungsvoll an der Erreichung eines Zieles zu arbeiten, wenn die Mittel und Wege falsch sind. Wer versucht, mit einer Glühbirne einen Nagel in die Wand zu schlagen, der muß scheitern.

Wesentliche Erfahrungen können wir nur mit wesentlichen Menschen und in tiefen Beziehungen machen. Wer wesentliche Erfahrungen bei oberflächlichen Menschen und in oberflächlichen Beziehungen sucht, der findet nichts als oberflächliche Erfahrungen mit anderen und mit sich selbst.

Ich habe dieses Buch auch darum geschrieben, um dem

INTA-Meditationszentrum seinen elitären Charakter als „Kloster des kreativen Denkens und Lebens für Wenige" (wie in der Presse immer wieder behauptet wird) endlich und endgültig zu nehmen. Aufnahme in unserem Zentrum finden nicht nur „Wenige und Eingeweihte": jeder findet bei uns Aufnahme.
Nicht weil wir elitär sein wollen, sondern weil wir aus bitterer Erfahrung lernen mußten: dort, wo zweitausend Menschen an einem kleinen stillen Ort Stille suchen, dort geht genau diese Stille verloren, die sie suchen.
Ich kann nur noch einmal wiederholen: Das INTA-Meditationszentrum steht grundsätzlich jedem offen. Doch weil wir kein Massenbetrieb sein wollen, können wir bis zum August 1981 leider niemanden mehr aufnehmen.

Was dieses Buch kann und was es nicht kann:
Mein Buch kann nicht die Gespräche ersetzen, Gespräche, die sich den Meditationen anschließen und die wir meditative Gespräche nennen, weil sie selbst ein Teil der Meditation sind. Für mich persönlich sind diese aufrichtigen Gespräche selbst ein Ort der Erkenntnis, ein Ort, der durch keinen anderen zu ersetzen ist. Diese Gespräche vermitteln Erkenntnisse besonderer Art.
Einer Veröffentlichung dieser Gespräche, um die ich immer wieder gebeten werde (und auch als Anhang zu diesem Buch gebeten worden bin), kann ich darum nicht zustimmen, weil jedes Gespräch eine intime Begegnung aller am Gespräch beteiligten Partner ist.

UND Gespräche, die für eine breite Öffentlichkeit protokolliert werden, verlieren ihren vertrauensvollen, intimen Charakter. Dies ist jedenfalls unsere Erfahrung. Und ich habe bei mir selbst beobachtet, daß ich im Gespräch manches zurückhalte, wenn ich damit rechnen muß, daß es veröffentlicht wird.

Und nun, was mein Buch bestimmt kann: Es kann jedem Suchenden hilfreich sein, sich selbst zu suchen und zu finden. Der Weg ist auch hier so wichtig wie das Ziel. Und zu viele wollen finden, ohne zu suchen, weil sie die Unsicherheit des Suchens fürchten. So wie eine gute Frage die Hälfte der Antwort enthält, so hat jeder, der das Suchen in der Meditation als einen Teil des Findens sehen lernt, schon die Hälfte dessen gefunden, was er sucht — sich selbst gefunden in einer neuen Erfahrung. Bei den vorliegenden Meditationstexten handelt es sich um die in vielen Kursen erprobten, zwanzig Jahre bewährten INTA-Meditationen.

Die Meditationstexte wollen in entspannter Körperhaltung und leise gesprochen sein, ohne Anstrengung, ohne Erwartungsangst, ohne Erwartungsspannung und möglichst an einem stillen Ort, einem Ort, wo wir uns ganz fallen lassen und uns ganz öffnen können unseren Gefühlen, unseren Wünschen, unseren Gedanken und den Bildern, die sich dann einstellen werden oder nicht, die gehen und kommen, wie sie wollen — wie sie wollen und nicht, wie wir wollen. Bis wir ganz ruhig werden, still, klar, angstfrei, erwartungsfrei. Alles ist möglich, nichts muß sein, kein bestimmter Gedanke, kein bestimmtes Gefühl, kein Aha-Erlebnis, keine Erleuchtung.

All das kann sein, muß nicht sein. Wer immer zu viel will, bekommt immer zu wenig. Wer nichts will, bekommt immer etwas mehr, als er wollte.

Also warten, warten, bis wir ganz ruhig werden, still und leer (leer von Erwartungen, Hoffnungen, Wünschen, Mußleistungen). UND in dieser warmen, stillen Leere beginnt dann die eigentliche Meditation. In dieser warmen, stillen Leere wagen sich endlich unsere lange verdrängten und verleugneten Gefühle hervor wie scheue Tiere, Wünsche und Gedanken, die auch ein Lebensrecht haben, die mitleben wollen. Denn auch diese lebenslang verleugneten und versteckten Teile sind Teile des Ganzen, das jeder Mensch ist. Jeder von uns ist auch die Gefühle und die Gedanken, derer er sich schämt, im Laufe seines Lebens — durch Liebesentzug, durch Zurückweisung und andere bittere Erfahrungen — gelernt hat, sich ihrer zu schämen. Wir müssen den Mut finden, den Mut voneinander lernen, uns ihrer nicht länger zu schämen und uns zu ihnen zu bekennen. Lebensverändernde Erkenntnis ist nicht möglich ohne diesen Mut, ohne dieses Bekenntnis.

Wer sich ändern will, der kommt nicht daran vorbei, sich selbst erst einmal gründlich kennenzulernen: seine Wünsche, seine Hoffnungen, seine Ängste, seinen Körper, seinen Geist, seinen Verstand, seine Gefühle und seine Gedanken.

Darum die meditativen Wahrnehmungsübungen (MWÜ), in denen wir das von uns und in uns wahrnehmen lernen, was wir nicht wahr-haben wollen, weil wir Angst haben, uns schwach zu zeigen, uns lächerlich zu machen, nicht ernst genommen zu werden von anderen ernsten Zeitgenossen, Neidgenossen, die alle von der gleichen Angst wie wir verunsichert werden. Solange wir uns neunzig Prozent unserer Gedanken darüber machen, was andere von uns denken könnten oder sollten, so lange sind wir noch weit, weit von uns entfernt.

Die MWÜ sind die offene Form der Meditation, offen im Gegensatz zu den gezielten inhaltszentrierten Meditationen über einen Meditationstext.

Wissen ist immer Wissen über etwas. Bewußtsein ist immer Bewußtsein von etwas. Und beides, Wissen und Bewußtsein, können falsch sein, sind in der Regel falsch, weil wir uns nicht mit eigenen, sondern mit fremden Gedanken Gedanken über uns und die Welt machen. Denn wie Untersuchungen zeigen, kommen die meisten Gedanken der Menschen über sich selbst nicht aus einer wachen und genauen Wahrnehmung ihrer selbst, sondern ihre Gedanken geben die Gedanken der anderen wieder: Gedanken, die MAN zu diesem oder jenem einfach zu haben hat. Wir denken, doch viele Gedanken in unserem Kopf sind nicht eigene Gedanken, weil sie sich nicht in unserer Lebenserfahrung begründen.
Wir werden also darum zuerst einmal lernen, auf eigene Gedanken zu kommen, endlich auf eigene Gedanken zu kommen UND den eigenen Gefühlen zu vertrauen UND auf den eigenen Körper zu hören UND wieder ge-

nauer darauf zu achten, wo und wann und mit wem wir uns wohl fühlen, wo und wann und mit wem nicht.

Und wenn andere Gedanken oder Erinnerungen oder Phantasien auftauchen, lassen wir sie ruhig zu, solange sie dauern, und bleiben bei unserem Meditationstext. Am Anfang empfehlen wir kurze Texte. Und keinesfalls sollten andere auftauchende Gedanken und Sätze „gewaltsam" abgewiesen werden. Statt dessen betrachten wir dieses Auftauchen im Zustand heiterer Entspannung. Da in der Meditation nichts zufällig geschieht, ist es auch nicht zufällig, daß gerade dieser „unmögliche" Gedanke oder diese „dumme" Erinnerung auftauchen. Sie alle wollen uns etwas sagen über uns, und sie stehen im inneren Zusammenhang mit dem Text, den wir meditieren.
Wie ein Magnet Eisenteilchen anzieht, so zieht jeder Meditationstext Gefühle, Gedanken und Erinnerungen an. Es besteht ein Zusammenhang, auch — gerade — wenn wir diesen Zusammenhang nicht erkennen. Und es kommt gar nicht einmal darauf an, den Zusammenhang erkennen zu wollen. DENN WICHTIG ist nur, daß wir uns in unserer Meditation nicht stören lassen und um diesen inneren Zusammenhang wissen, auch wenn wir ihn nicht erkennen.
Der Meditierende sollte sich die Sätze wiederholen, OHNE in ihnen angestrengt eine Lehre oder Wissen zu suchen. Der Meditierende braucht die Lehre, das Wissen dieser Texte nicht suchen, er wird genau das begreifen, was er im Augenblick der Meditation braucht. Das

bedeutet, wir sollten den einzelnen Sätzen nicht angestrengt und süchtig nach Begreifen nachhängen. Das Wissen, das wir brauchen, findet uns, sobald wir fähig sind für dieses Wissen. Wer selbstsüchtig Wissen sucht, ohne fähig für das Wissen zu sein, schadet sich, DENN er glaubt zu wissen, ohne zu wissen. Das Wissen bleibt im Kopf, im Gedächtnis und berührt nicht die Gefühle, nicht das Leben und wird nicht zur lebensverändernden Einsicht. Wer zu schnell begreifen will, schränkt das volle Verstehen ein und bringt sich selbst um SEIN Wissen.

Solange der Meditierende offen für den Sinn der Sätze bleibt, wird er sich in den Sätzen selbst gewahr. Und ohne zu suchen, wird er in den Sätzen das Wissen finden, das er braucht, das ihn nährt, und kein Wissen, getrennt von sich und von seinem Leben. So werden ihm die gleichen Sätze jedesmal ein neues Wissen vermitteln: der gleiche Satz bedeutet auf den verschiedenen Wahrnehmungsstufen etwas Verschiedenes.

Der Meditierende denkt nicht über einen Satz nach wie über ein Kreuzworträtsel, für das es nur eine richtige Lösung gibt, und auch nicht wie über eine Rechenaufgabe, für die es auch nur eine richtige Lösung gibt.

Was ist entscheidend für das Gelingen der Meditation?

1. Atmung und Meditation.

Wer von uns hat atmen gelernt? Atmen lernen? Es atmet doch jeder! Richtig, es atmet jeder. Doch atmet jeder richtig?

Atmen stellt die wichtigste Tätigkeit des Menschen für seinen Körper dar. So wie vieles Wichtige tut er auch das nicht bewußt.
Untersuchungen zeigen, daß die meisten Menschen zu wenig Luft bekommen, weil sie fehlerhaft atmen. Viele meinen, es käme nur aufs Luftholen an.
Als Hauptregel sollte der Meditierende sich für sein Atmen merken: je tiefer ich ausatme, desto tiefer muß ich einatmen. Sie werden die Regel begreifen, wenn Sie ganz tief ausatmen und bewußt versuchen ganz wenig einzuatmen.
Ans Ende der Ausatmung sollte noch eine kleine Pause gehangen werden, ehe wir einatmen. Diese kleine Pause hat große Wirkung für unser tiefes Einatmen.
Atmen ist mehr als nur Luftholen. Goethe hat vergessen zu sagen: Sage mir, wie du atmest, und ich sage dir, wer du bist.
Wir atmen so, wie unsere Gesellschaft ist. In unserer Gesellschaft, wo es heißt: „Hast du was, bist du was", wollen alle haben, mehr haben und noch mehr haben. Und so wird einer, ob er es will oder nicht, des anderen Konkurrent. Wir können nicht genug haben, selbst von den Dingen nicht, von denen wir offensichtlich doch alle genug haben.
Ja, mit unserem Verstand wissen wir, daß es genug Luft gibt für alle. Trotzdem atmen wir so gierig ein, daß wir nicht zum Ausatmen kommen. Am liebsten würden wir nur einatmen und das Ausatmen Gastarbeitern überlassen. Etwas in uns glaubt: je mehr du einatmest, je mehr Luft hast du. Und je mehr Luft du hast, um so mehr bist du. Viele würden am liebsten ihren Atem spa-

ren, verzinsen, vorzeigen, in einem Banktresor sicherstellen.
Wir können nicht anders atmen, als wir denken. Und so beginnt in Indien Meditation fast immer mit der Atmung. Die Meditationslehrer lehren das richtige Atmen nicht als Selbstzweck, sondern weil die Veränderung unseres Atmens unser Denken verändert.
Es ist leichter, unsere Angst über die körperliche Entspannung abzubauen als umgekehrt. Denn wer keine Angst hat, ist entspannt. Je tiefer ich entspannt bin, um so weniger Angst kann ich haben. Die Angst kann sich nicht stauen im entspannten Körper. Körperliche Entspannung bewirkt immer weitaus mehr als nur körperliche Entspannung.

2. Haltungen und Meditation.
Entscheidend für das Gelingen der Meditation ist die INNERE HALTUNG des Meditierenden, nicht die äußere. Und wenn ich von Gelingen spreche, so ist das eigentlich nicht richtig, weil schon eine Wertung. Entscheidend ist, ob die Meditation dem Meditierenden gibt, was er gerade braucht.
Welche ÄUSSERE HALTUNG soll der Meditierende einnehmen? Die ihm bequemste Haltung, die Haltung, bei der er sich am wohlsten fühlt,die ihm am stärksten das Gefühl von Entspannung, Ruhe und Geborgenheit vermittelt.
Überhaupt ist die Frage der Körperhaltung beim Meditieren für den östlichen Schüler etwas anderes als für uns, die wir zu unserem Körper nicht in der Beziehung des Abtötens und der Disziplinierung stehen.

Die Zeit, die der Yoga-Schüler mit dem Erlernen von körperlichen Stellungen verbringt, löst ihn zwangsläufig ab von seinen Sorgen und Ängsten.
So verbringen die Schüler des Hatha-Yoga Jahre mit dem Erlernen einer Reihe von Körperstellungen und Bewegungen, die nachzumachen selbst westlichen Akrobaten schwerfallen dürfte.
Für mich ist die Körperhaltung die beste, bei der ich meinen Körper am wenigsten spüre. Obwohl ich meist im Liegen meditiere, rate ich Anfängern dazu, erst einmal im Sitzen zu meditieren, denn das Ziel der Meditation ist ein tief entspannter UND zugleich wacher Zustand.

3. Körperliche Auswirkungen der Meditation.

Hier ist die Stelle, darauf hinzuweisen, daß Atemfrequenz, Herzschlag, Blutdruck, Milchsäurespiegel während der Meditation Meßwerte haben, die sonst nur im Schlaf vorkommen. Der Meditierende ist also wach, obgleich die Körpermeßwerte Schlafen anzeigen. Merkwürdig hierbei ist, daß bei manchen Meditierenden die Werte sogar noch einen tieferen als den Schlafzustand anzeigen: das EEG zeigt theta-Wellen statt der im Schlaf üblichen alpha-Wellen. Oder die Atemfrequenz nimmt derart ab, daß sich manche Meditierende in Indien ihr Geld damit verdienen, sich eine bestimmte Zeit eingraben zu lassen.

4. Wo meditieren?

So viel über Haltung und Atmung — jetzt der ORT der Meditation. Grundsätzlich ist jeder Ort ein Medita-

tionsort. Mit der entsprechenden inneren Haltung können wir sogar neben dem Lärm einer Baumaschine meditieren oder im Großstadtlärm.
Am Anfang allerdings ist es ratsam, für die zwanzig Minuten der Meditation sich in ein ruhiges Zimmer zurückzuziehen mit der Gewißheit, daß niemand einen stören wird.

Warum Meditation?

Jeder von uns — ohne Ausnahme — hat in seiner Kindheit Gefühle und Gedanken unterdrückt, weil wir oft die Erfahrung gemacht haben, daß unsere Eltern uns ihretwegen tadelten. Mit der Zeit bekamen wir das Gefühl, schlecht zu sein, schlechte Gedanken und schlechte Gefühle zu haben. Wir wollten jedoch ein gutes Kind sein, mußten ein gutes Kind sein, um von den Eltern geliebt und geachtet zu werden. Also versteckten wir diese Gefühle und Gedanken vor unseren Eltern. Früh mußten wir jemand anders sein, um geliebt zu werden. Und ständig das bittere Gefühl im Herzen: wenn die anderen wüßten, wer du wirklich bist! Wir wurden gelobt und wußten: das Lob gilt nicht uns, sondern dem Schauspieler des guten Kindes. Ja, wir alle kamen uns einmal vor wie Hochstapler.
UND so haben sich in jedem, in jedem von uns Tränen angesammelt, die wir nicht weinen durften, Ängste, die wir nicht haben durften, Haßgefühle, die wir hinter einem Lächeln verbergen mußten, Schmerz, den wir nicht zeigen durften.
DIESE TRÄNEN, Schmerzen und Ängste sind keines-

wegs verschwunden. Sie sind immer da, auch heute noch, hier und jetzt, auch wenn wir uns, gerade weil wir uns ihrer nicht bewußt sind: so im Verhalten Autoritäten gegenüber, in der Unfähigkeit, Forderungen zu stellen, selbst in unseren Träumen. Überall kommen sie — uns nicht bewußt — zum Vorschein und verzerren und verdunkeln die Gegenwart, die wir hinter dem Tränenschleier der Tränen, die wir nicht weinen durften, kaum noch wahrnehmen können. Die Ängste der Kindheit lassen uns als Erwachsene die Wirklichkeit nicht so erleben, wie sie ist. Die Enttäuschungen der Kindheit machen uns unfähig, die Menschen zu lieben, ihnen zu vertrauen. Das Gefühl aus der Kindheit, schlecht zu sein, führt uns dazu, daß wir anderen Menschen etwas vormachen, um geliebt zu werden. Wir kommen also nicht dazu, wirklich zu leben, weil wir nicht dazu kommen, wirklich erwachsen zu sein vor lauter unbewältigter Vergangenheit.

Im entspannten Zustand der Meditation jedoch können wir, endlich, die Tränen weinen, die wir als Kinder nicht weinen durften, den Haß zeigen, den wir verbergen mußten, und die Ängste zulassen, die wir verstecken mußten.

Je länger wir meditieren, desto mehr werden wir erwachsen SEIN: freier wir selbst sein, aufrichtiger in unseren Gefühlen, klarer in unseren Gedanken.

Diese Befreiung, wenn du endlich begreifst: du mußt ja kein Schauspieler eines Idealichs sein, keine Heldenrolle spielen, um geliebt zu werden. So, wie du bist, das genügt, um geliebt zu werden, und das ist mehr als alle Masken sind, weil du es selbst bist. Und wenn jemand zu dir sagt: „Ich kann Dich nur lieben, wenn Du so oder so bist", dann antworte ihm: „Dann such Dir jemanden, der so ist, wie Deiner Meinung nach ein Mensch sein muß, um von Dir geliebt zu werden."

Meditieren muß genauso erlernt und geübt werden wie Lesen und Schreiben, Schwimmen und Autofahren. Niemand käme auf die Idee, sich ohne Übungen auf ein Fahrrad oder in ein Auto zu setzen oder sich Kopf über ins Wasser zu stürzen. Und keiner kann einfach durch Einsicht eine Fehlhaltung durch eine bessere Haltung ersetzen.

Der Meditierende verzichtet bewußt darauf, sich (und andere) zu kontrollieren, sich (und andere) zu manipulieren. Er läßt geschehen, was geschieht, läßt kommen, was kommt, läßt gehen, was geht. Er hat keine Absichten mit sich und mit der Meditation. Er läßt sich von dem überraschen, was geschieht — ihm geschieht, mit ihm geschieht. Einmal werden diese inneren Bewegungen stärker sein, manchmal schwächer. Der Meditierende wird nicht versuchen, die starken Bewegungen zu schwächen und die schwachen Bewegungen zu stärken.

Der Meditierende begegnet seinen Gedanken und Gefühlen als nichteingreifender Betrachter. Und er weist keinen Gedanken und kein Gefühl zurück. Und weil er sich mit seinen Gedanken nicht identifiziert, sie weder als schlecht noch als gut bewertet, sie auch nicht verteidigt und nicht verachtet und sie sein läßt, wie sie sind, darum werden seine Gedanken und seine Gefühle ihm tiefen Einblick in sich selbst gewähren, weil er durch sie lernt, was kein Guru ihn lehren könnte: er lernt sich selbst kennen, indem er seine geheimsten Gedanken und Gefühle kennenlernt, endlich.

Die Wahrheit der Sätze, welche die Meditationen beschreiben, wollen auch von Ihrem Körper erprobt, von Ihnen ausprobiert und erlebt werden.

Wenn wir während der Meditation auftauchende Gefühle und Gedanken als Störungen behandeln, verstoßen wir gegen den Geist der Meditation, der nicht wertet, wie etwas sein sollte, sondern alles nur einfach wahrnimmt, was ist, wie es ist.
Die nichtwertende Wahrnehmung gehört zum Wesen der Meditation wie das Atmen zum Leben. Ich erkenne Meditierende daran, daß sie auch außerhalb der Meditation die Menschen und die Dinge so annehmen und sein lassen, wie sie sind und nicht, wie sie ihrer Meinung nach sein sollten. Die meisten Menschen kommen in der Regel gar nicht dazu, sich kennenzulernen, weil sie aneinander gegenseitig sofort die Forderungen stellen, wie sie sein müßten. Sie gehen mit Bildern um, nicht mit lebendigen Menschen.
Machen Sie sich kein Bild davon, wie eine Meditation zu sein hat. Versuchen Sie nicht, besser zu meditieren

als andere. Vergleichen Sie auch nicht Ihre einzelnen Meditationen miteinander als besser oder schlechter. Nehmen Sie jede Meditation an — einfach als etwas, was ist. Es gibt keine Wertung mehr. Und so gibt es auch keine falschen und richtigen, keine guten und keine schlechten Meditationen. Jede ist, wie sie ist. Keine läßt sich mit der anderen vergleichen.

Deine Meditation wird Deine Meditation sein. Meine Meditation wird meine Meditation sein. Du bist es, der sich in der Mitte Deiner Meditation findet. Ich bin es, der sich in der Mitte meiner Meditation findet. So wie zwei Menschen nicht auf genau die gleiche Art lieben können, so können sie auch nicht auf genau die gleiche Art meditieren. UND so ist es nicht möglich, daß zwei Menschen in der gleichen Weise meditieren werden. UND so ist es nicht möglich, daß ein anderer Dir sagen kann, was Deine Meditation ist.
Der Meditierende erfährt bald: er wird nur dann genau das von der Meditation bekommen, was er braucht, wenn er nichts Bestimmtes von ihr erwartet oder will.

Das Ziel der Meditation ist Meditation. Es ist gut für die INTA-Meditation, wenn der Meditierende alles vergißt, was er über die Meditation durch Lesen weiß. Wer in die Meditation geht, um sein Wissen und seine Erwartungen über die Meditation bestätigt zu finden, hört auf, ein Meditierender zu sein, noch ehe er mit der Meditation begonnen hat. Meditieren ist im Grunde so leicht, daß es schon wieder schwer wird, das Leichte begreiflich zu machen. Wer aufgehört hat, von der Meditation etwas Bestimmtes zu erwarten, bringt die besten Voraussetzungen mit.

Meditieren ist nicht schwierig. Schwierig ist, zu meditieren, ohne von der jeweiligen Meditation etwas zu erwarten. UND wenn „störende" Gedanken, Bilder, Gefühle auftauchen, so ist es ein gutes Zeichen, weil diese „Störungen" durch diesen Hintergrund der inneren Stille der Meditation erst bemerkt werden, so wie Schattenbilder vor der weißen Leinwand.

Schon mit der ersten Meditation kommt ein Prozeß in Gang, der das Wachstum desjenigen erleichtert, der sich zur Meditation entschlossen hat. Eigentlich setzt dieser Prozeß schon mit dem Entschluß ein. Wichtig ist, daß dieser Entschluß freiwillig ist und keine bestimmten Erwartungen einschließt.

Meditation ist die Übung, bei dem zu bleiben, was ist, und nicht bei dem hängen zu bleiben, was war oder was sein sollte. Solange ich wirklich bei dem bleibe, was ist, fühle ich auch die Gefühle, die aus dem Jetzt kommen, weil ich im Jetzt bin. UND die Meditation ist das, was gerade ist. Und ich bin der in der Meditation, der jetzt gerade so ist und nicht anders.

Was bewirken Meditationen?

Das Ergebnis einer Meditation läßt sich vom Meditierenden nicht voraussagen oder vorauswissen. Ein wichtiges Element der Meditation ist die Haltung des Offenseins für alles, was geschehen wird während der Meditation. Jede Meditation sollte ohne bestimmte Erwartungen ausgeführt werden, im Geist des nichtwertenden Wahrnehmens. Vor jeder Meditation sollte der Meditierende diese Haltung anstreben: die Haltung des wertfreien Offenseins.

Die Wirkung der Meditationen zeigt sich weniger in der Meditation selbst, sondern mehr zwischen den Meditationen, in unserem Alltag. Es sind die gleichen Ereignisse, die gleichen Situationen, doch wir reagieren allmählich anders darauf, ruhiger, gelassener, angstfreier, weniger störanfällig.

Also nicht die „gute Meditation" ist das Ziel der Meditation, sondern unsere Veränderung durch die Meditation.

Der Meditierende kehrt manchmal nach der Meditation in seine gewohnte Umwelt zurück wie nach einer großen Reise, so als würde er nicht zwanzig Minuten, sondern zwanzig Jahre fort gewesen sein.

Den Nichtmeditierenden erinnert jeder Mensch daran, wer er sein könnte oder wer er einmal war. Den Meditierenden erinnert jeder Mensch daran, wer er auch ist.

Im Zustand der Meditation stehen wir in einem Lernprozeß, der uns als ganzen Menschen erfaßt und der nicht zu vergleichen ist mit dem, was Bücher und Begriffe uns lehren können.

Jede Meditation ist so, wie sie ist. Und der Meditieren-

de ist in ihr. Wer die Meditation von außen betrachten will, wird sie nie erblicken.
In der Meditation geht es nicht um den Anblick des Selbst, sondern um den Einblick in das Selbst. Und so wie die Hebamme nicht weiß, wie das Kind aussehen wird, das sie entbindet, so wenig weiß der Meditierende, welches Selbst sein Einblick entbinden wird.

Schwierigkeiten mit den Meditationszeiten?: Mit der Zeit wird die Meditation nicht mehr für sich existieren und außerhalb des anderen Lebens stehen, sondern ein Teil des Lebens, selbst Leben werden. Die Meditation ist dann kein Objekt mehr, das außerhalb meines Lebens steht wie etwas Fremdes. Solange ich mich zwingen muß, die Meditationszeiten einzuhalten, ist es ein Zeichen, daß die Meditation noch nicht Teil meines Lebens geworden ist. Daß sie ein Teil meines Lebens geworden war, merkte ich daran, daß auf einmal keine „Meditationszeiten" mehr einzuhalten waren. Früher hatte ich Schwierigkeiten mit den Meditationszeiten. Heute habe ich Schwierigkeiten, wenn ich nicht meditiert habe: es fehlt mir etwas, es fehlt meinem Leben etwas.
Die Meditation, der Meditierende, die Zeit der Meditation, die Früchte der Meditation — das alles ist eines und dasselbe.

Meditation und Lebensfreude: Die Meditation stärkt die Fähigkeit, uns besser kennenzulernen dadurch, daß

wir tiefer in Kontakt mit uns selbst kommen, und in der Gegenwart zu leben, also den Schwerpunkt des Lebens nicht in der Vergangenheit oder in der Zukunft zu haben.
Natürlich haben die Erfahrungen der Vergangenheit und die Hoffnungen auf die Zukunft Einfluß auf unsere Gegenwart. Doch wir sollten uns im klaren darüber sein: wer mit den schlechten Erfahrungen der Vergangenheit die Gegenwart mißt, hat eigentlich die Vergangenheit noch nicht beendet und lebt Gefühle der Angst, der Trauer oder der Wut in der Gegenwart aus, wobei die Gegenwart nicht wahrgenommen wird, also nicht beginnen und nicht zu Ende kommen kann.
Viele von uns hat ein schweres Erlebnis in der Vergangenheit so verletzt zurückgelassen, daß wir Angst haben, uns der Gegenwart und damit gegebenenfalls neuen Verletzungen zu öffnen, verletzlich wie wir dadurch geworden sind. UND doch ist der einzige Weg zu neuen Erfahrungen, also auch Erfahrungen von Freude, Glück, Zufriedenheit dadurch zu ermöglichen, daß wir die Vergangenheit beenden und die Gefühle der Vergangenheit zu Ende kommen lassen. Anders können wir keinen vollen Kontakt zur Gegenwart herstellen.

Wer gierig durch die Meditation außerordentliche Zustände erreichen will, befindet sich genau in dem Zustand, der dieses Erreichen unmöglich macht. DENN gerade diese Lebenshaltung sollte überwunden werden, daß wir nur darum etwas tun, um etwas zu bekommen. Wer so meditiert, befindet sich eben nicht im Zustand des Loslassens, des Offenseins, des Geschehenlassens, sondern im Zustand des gierigen Raffens, der Kontrolle, der Zwecke, der Habgier.

Was Meditation eigentlich ist, das läßt sich nur sehr schwer jenen erklären, die noch nie meditiert haben. Wer gewahr werden will, was Meditation ist, der muß selbst meditieren, nur dann wird es ihm gelingen, aus dem Vergleich zwischen seinen eigenen Erfahrungen und meinen Erfahrungen herauszubekommen, was Meditation für ihn ist. Denn Meditation ist nicht irgendein Unterrichtsgegenstand, den man von außen anschauen und kennenlernen kann. Meditation beginnt innen. Und schon während der ersten Meditation wird bei dem Meditierenden etwas aufspringen, was eine Veränderung bewirkt. Meditationstexte können eigentlich nur im Zusammenhang mit dieser Veränderung meditiert werden. UND es gibt wirklich das Leben vor und das Leben nach der ersten Meditation.

Die Meditationen nicht für besondere Ereignisse und Zwecke reservieren, sondern die meditative Wahrnehmung möglichst bei allen unseren Handlungen üben, rund um die Uhr üben, vom Erwachen bis zum Einschlafen, bei der Umarmung ebenso wie beim Einkaufen.
JEDER ORT IST EIN MEDITATIONSZENTRUM.
JEDE HANDLUNG KANN ZUR MEDITATION WERDEN.

Für den Meditierenden ist die ganze Welt eine Andachts- und Meditationsstätte. Jeder Ort kann ein Kloster sein für kreatives Leben oder ein Ashram oder ein heiliger Ort — jeder Ort, auch der, wo Du jetzt bist: JETZT, HIER.

Meditationen

ICH selbst kenne keine wichtigen und keine unwichtigen Meditationen. *Ich habe begriffen, daß „wichtig" und „unwichtig" Wertungen sind. Und das Gefährliche an Wertungen ist, daß sie meine Achtsamkeit verändern. Sagt mir jemand: „Das ist ein großer Meditationslehrer", so erhöht sich meine Achtsamkeit automatisch. Ich übernehme also eine Wertung, ehe ich MEINE Erfahrungen mit ihm erlebt habe. Wichtig und unwichtig, das sind schlechte Lehrer- und Schülergewohnheiten, die aus dem Leben einen Kindergarten für Erwachsene machen möchten. Und es mag schon sein, daß ich mich in der heutigen Meditation mehr finde, tiefer wahrnehme als in der Meditation gestern. Für mich heißt das nur: vielleicht ist der Zeitpunkt nicht richtig gewesen. DENN ich bin ja ein Wachstumsprozeß, also verändere ich mich, so war ich vor einem Jahr ein anderer. UND von mancher Meditation denke ich: „Schade, schade, daß du sie nicht vor zehn Jahren meditiertest." Dann muß ich lächeln und denken: „Irrtum, Irrtum, vor zehn Jahren wäre diese Meditation für dich nicht diese Meditation gewesen, die sie heute für dich gewesen ist."* *M 28*

ICH mache die fröhliche Erfahrung, daß es mir von Meditation zu Meditation mehr gelingt, die Grundstimmung, die ich aus der Meditation mit in den Alltag bringe, mir im Alltag zu erhalten. *Anfangs gelang es mir noch nicht einmal während der Meditation, entspannt und heiter zu sein, weil ich mich so sehr anstrengte und weil ich diese Zustände zu wenig kannte. Ich war immer ernst und immer gespannt auf irgendetwas. Immer erwartete ich etwas und meist nichts Gutes, also hatte ich allen Grund, ernst zu sein. Allmählich gelang es mir, wenigstens während der Meditation den Zustand heiterer Gelassenheit zu erreichen und zu erhalten — so lange, bis ich mich doch wieder ärgerte und meine Heiterkeit mir unnatürlich vorkam. Ein Leben lang gewohnt, ernst und gespannt zu sein, hielt ich den Zustand der heiteren Gelöstheit für unnatürlich. Heute geht es mir genau umgekehrt: die ernsten und angespannten Gesichter der Menschen, die zielsüchtig meine Wege kreuzen, kommen mir unnatürlich vor, so als ob sie in Alpträumen lebten und nicht in der Wirklichkeit. UND ich freue mich schon auf den Tag, und das macht mich so fröhlich, da es keinem Menschen und keinem Ereignis mehr gelingen wird, mich so weit zu bringen, daß ich meine heitere Gelassenheit verliere, denn sie wäre ein wirklicher Verlust.*
(Hätte ich diese Sätze vor zehn Jahren gelesen, wären sie mir unnatürlich vorgekommen — also: abwarten, meditieren.) *M29*

Der Meditierende darf sich für die Meditation keine Zeit nehmen, *er muß Zeit werden. Der Meditierende hat keine Zeit, er ist selber Zeit. Meditationszeit ist eine wesentlich andere Zeit als Freizeit oder Arbeitszeit oder Ferienzeit oder Weiterbildungszeit. Meditationszeit ist nicht die Zeit außen, die Zeit der Uhren, die Zeit der springenden Minutenzeiger. Der Meditierende erfährt sich als Quelle der Zeit, aus der alle Zeit entspringt, auch diese Zeit, jetzt, die Meditation ist UND Leben ist. Meditationszeit ist in keinem Augenblick vom Leben abgetrennte Zeit, denn der Meditierende ist die Meditation und ist die Meditationszeit. Und die Meditationszeit ist der Meditierende.* *M30*

Der Meditierende kann die Meditation nicht suchen, *die Meditation sucht ihn. Alles, was er kann: er kann sich empfänglich machen. Der Meditierende ist das stille Zentrum inmitten der Vielfalt lauter Bewegung. Jede Meditation, jede MWÜ ist ein Guru, der Dich lehrt, was kein anderer Guru lehrt.* *M31*

Die Meditation über das Insichsein

ICH bin ganz in mir, ganz in diesem Augenblick, jetzt, ganz in der Freude, jetzt, ganz in der Meditation, ganz in dem warmen Strom, den ich durch meinen Körper strömen fühle, ganz in der lebensvollen Dunkelheit meiner geschlossenen Augen. *M32*

ICH lasse geschehen, was geschieht, *lasse kommen, was kommt, gehen, was geht. Nicht ich atme, es atmet. Nicht ich denke, es denkt. Ich habe keine Absicht mit mir und mit der Meditation. Ich lasse mich von dem überraschen, was geschieht. Ich bin offen für alles.*

M 33

ICH denke nicht nach über den Meditationstext, ich höre darauf, was er mir jetzt sagen will. *Und ich höre ihm mit meinem ganzen Leben zu. Und ich will nicht nur mit meinem Kopf denken, denn ich bin ein Ganzes, nicht nur mein Kopf. Ich bin jetzt all meine Erinnerungen, all meine Angst, all meine Freude, all meine Zukunft — jetzt. Nicht ich denke, es denkt. Ich will auch auf die Weisheit meines Körpers dabei hören, den auftauchenden Phantasien und Erinnerungen ihren Sinn ablauschen.*

M 34

ICH bewerte nichts. *Das, was kommt, kommt; das, was geht, geht; das, was ist, ist. Ich lasse alles unverändert sein, wie es ist. Ich lächle jetzt über ein Wort wie Störungen, denn nichts stört mich. Wenn ich mir sage: „Dieser Gedanke ist eine Störung", dann bewerte, interpretiere, analysiere ich ihn. Nichts dergleichen werde ich während der Meditation tun. Soll kommen, was kommt; soll gehen, was geht; soll geschehen, was geschieht; soll bleiben, was bleiben will; soll sein, was sein will.*

M 35

ICH will keine gute Meditation, *und ich will keine schlechte Meditation: ICH MEDITIERE. Ich will keine gute Meditation, ich will keine schlechte Meditation: ich meditiere. Ich höre auf zu bewerten, um zu erfahren, was ist: was wirklich ist. Jenseits der Werturteile gut und schlecht, falsch und richtig.* *M 36*

ICH kann viel über mich erfahren, *wenn ich die während der Meditation aufsteigenden Gefühle, Bilder und Gedanken nicht abweise, nicht unterdrücke, sondern sie zulasse und sie sich voll entwickeln lasse UND zusehe, was aus ihnen wird, was sie mir sagen wollen.*
Die Zielbewegung der Meditation *ist die Bewegung von außen nach innen, die Bewegung von der Schale zum Kern, vom Lärm zur Stille, von der Ablenkung zur Sammlung, von Ichbildern zum Ich hinter den Bildern.*
M 37

ICH bin die Meditation. *Die Meditation ist ich. Ich erlebe den Zustand der Meditation nicht als Mittel zum Zweck, sondern jenseits von Mittel und Zweck, jenseits von Weg und Ziel. Ich erlebe den Zustand der Meditation als das, was jetzt mit mir geschieht, was sich jetzt in mir bewegt, was ich jetzt wahrnehme, was jetzt ist, was ich jetzt bin. UND ich bin die Meditation. UND die Meditation ist ich.* *M 38*

ICH erfahre in der Meditation, wie ich auch bin. *In der Meditation begegne ich meinem vergessenen, verdrängten, verleugneten, nichtverwirklichten Selbst. In der Meditation erlebe ich mein ungelebtes Leben, meine unerfüllten Wünsche, meine verleugneten Bedürfnisse, meine nichtverwirklichten Möglichkeiten.*

M 39

ICH erfahre in der Meditation eine andere Vernunft *als die Vernunft des Alltags. Nicht die Gesetze der Logik, die Gesetze des Unbewußten bestimmen die Meditation, so wie sie auch die Träume bestimmen. Ich weiß, daß darum vieles unerklärlich bleiben muß und daß in gewaltsamen Erklärungen gerade das verloren geht, was erklärt werden soll. So fühle ich mich leer und voll zugleich, bin ganz bei mir und doch jemand, der sich aufgelöst hat in allem, was um ihn ist. Ich gewinne mich, indem ich mich verliere. Mit der Meditation ist es so wie mit der Liebe: wer die Liebe nicht kennt, dem werden die Erklärungen der Liebenden sehr unvernünftig vorkommen, solange er selbst nicht liebt. Meditierende kennen sich oft nicht, und doch erkennen sie sich auf den ersten Blick, nach den ersten Sätzen.* *M 40*

ICH weiß, daß ich das Ziel der Meditation niemals und immer erreichen werde: *niemals, weil die Meditation kein Ziel hat und immer, weil jeder Meditierende während der Meditation genau dort ist, wo er ist, frei von jedem: du sollst da oder dort sein, um am Ziel der Meditation zu sein. UND so bin ich immer und niemals am Ziel. UND ich weiß, daß der zeitliche Zustand der Meditation sich verlängern wird, so daß eines Tages jeder Augenblick meines Lebens Meditation sein wird dadurch, daß ich fühlfähiger und offener und freundlicher und gelassener und geduldiger und wirklicher geworden bin.*

So wie sich meine Wachheit vergrößert, so vergrößern sich die Zeiten und die Räume der Meditationen. UND wenn der innere Wandel, die Änderung einmal vollzogen sein wird, dann ist alles Meditation, UND ich werde aufhören, diesen Zustand zu üben. *M 41*

Für mich ist die Frage nach dem Sinn der Meditation jetzt beantwortet, in diesem Augenblick der Meditation durch die Meditation beantwortet. *Dies ist meine Antwort: der Sinn der Meditation ist die Meditation. UND ich bekomme jedesmal eine andere Antwort, weil ich jedesmal eine andere Erfahrung mache. Es ist wie mit der Frage nach dem Sinn des Lebens. Ich habe das Gefühl, daß viele Menschen den Sinn ihres Lebens in der Frage nach dem Sinn ihres Lebens sehen. Sie fragen und fragen und fragen — und sie leben nicht. UND andere wieder leben so — ich denke hier an Janusz Korczak, an Schindler, an Gandhi, an Dostojewski, an Tolstoi, an Gründler —, daß ihr Leben für viele zum Sinn ihres Lebens wird. Und der Sinn des Lebens war ihnen ihr Leben.* *M 42*

Innerhalb von Gewohnheiten kann nichts Neues entdeckt werden. Meditation heißt auch, sich dem hypnotischen Einfluß der Gewohnheiten entziehen. *M 43*

Der Meditierende, dessen Gedanken wie Ping-Pong-Bälle auf einem reißenden Gebirgsbach hin und her springen, ist weit entfernt von der Versunkenheit der Steine auf dem Grund des Baches. Ein Stein sein, der stille auf dem Grunde des Baches liegt. *M 44*

Hinführung 3

SELBSTERKENNTNIS UND SELBSTENTFALTUNG

Sich fragen: Wie bin ich, wenn ich allein mit mir bin? Fühle ich mich wohl? Habe ich Angst? Bin ich ruhig oder unruhig? Was sage ich zu mir, wenn ich mit mir selbst spreche? Liebe ich mich selbst? Vertraue ich mir selbst? Sehe ich mich selbst, oder sehe ich mich mit den Augen der anderen? Bewerte ich mich selbst? Überwache ich mich selbst? Achte ich mich selbst? Akzeptiere ich mich selbst? Habe ich das richtige Bewußtsein von dieser Welt, in der ich lebe? (Nehme ich die Wirklichkeit unverzerrt wahr? Denn Wirklichkeit und Wahrnehmung der Wirklichkeit sind zweierlei.) Habe ich das richtige Wissen von mir? (Darauf achten, wer mir gesagt hat, wer ich bin. Wie stehen diese Menschen zu mir, die mir Wissen beibrachten? Was weiß ich von ihnen?)
Und vor allem sich fragen: Warum tue ich so viele Dinge nicht, obwohl ich sie doch tun möchte? Warum tue ich so viele Dinge, obwohl ich sie nicht tun möchte? (Auf diese Weise erfragen wir unsere unterdrückten Bedürfnisse, zu deren Unterdrückung wir einen Großteil unserer Lebenskraft verbrauchen. Und je größer die Bedürfnisse sind, um so mehr Lebenskraft benötigen wir, sie zu unterdrücken, so daß uns zum Leben keine Kraft mehr bleibt. Die Situation des Rentners, der seine Jugend genießen möchte.)

Wahres Verstehen verändert. Darum gehen die INTA-Meditationen — so wie die christlichen Meditationen von einzelnen Bibelstellen ausgehen — von Sätzen aus, in denen jeder Meditierende Einsichten, Lebenserfahrungen, Gefühle und Gedanken seines eigenen Lebens wiederfindet.
Wie die Erfahrungen bestätigen, rufen diese Sätze eine tiefe und bleibende Veränderung im Meditierenden hervor.

ICH werde nicht mehr lange darauf zurückblicken, was war. *Ich werde auch nicht mehr angestrengt danach Ausschau halten, was sein wird. Ich werde meinen Blick voll dem zuwenden, was jetzt ist, was jetzt um mich herum und in mir geschieht. DENN ich war wie blind für die Gegenwart, solange ich meine Augen nur darauf richtete, was war und was sein wird.* *M 45*

Unsere Erwartungen und Wünsche prägen unsere Erlebnisse. Darum ist die Lebenshaltung chronischer negativer Erwartungen lebenszerstörend, ja, lebensgefährlich. Was einer am meisten fürchtet, trifft am sichersten ein. Auf den höchsten Entwicklungsstufen erwartet der Meditierende nichts mehr, DENN er ist im Jetzt.

Nur die offene, klare Äußerung eines negativen Gefühls bewirkt, daß es sich erledigt und einem anderen

Gefühl Platz machen kann. Wer seinen Ärger nicht offen ausspricht und ihn in verkleideter, indirekter Form ausdrückt, verliert mit der Zeit die klare Wahrnehmung seiner negativen Gefühle und von sich selbst. Weil er immer maskiert und herabsetzt, was er fühlt, verliert er das Gefühl dafür, wer er ist. Und oft werden Forderungen so verkleidet und indirekt ausgedrückt, daß der andere sie selbst dann nicht erfüllen könnte, wenn er dazu bereit wäre. Und ich denke: »das hätte er doch merken müssen", und fühle weiterhin und nun vermehrten Ärger gegen ihn, weil er meine berechtigten Forderungen nicht erfüllt hat.

Die Meditation über: WENIGER IST MEHR

ICH habe mich für diese Möglichkeit entschieden, UND ich weiß, ich hätte mich natürlich auch für eine andere entscheiden können, denn jede wahrgenommene Möglichkeit ist immer nur eine von vielen möglichen Möglichkeiten, auch diese, jetzt, hier. Diese Möglichkeit ist durch meine Entscheidung meine Möglichkeit geworden. Dies ist meine Entscheidung, dies ist MEINE Möglichkeit. UND ich bin meine Entscheidung. UND ich bin meine Möglichkeiten. Meine Möglichkeiten sind ich. UND ich bin jetzt hier und nicht anderswo mit meinen Gedanken und mit meinen Gefühlen und mit meinen Augen und mit meinen Ohren: hier bin ich, jetzt, bin hier mit meinem ganzen Leben und mit meiner ganzen Vergangenheit und mit meiner ganzen Zukunft. Und ich lasse mich ein, und ich lasse mich sein. Und ich lasse DAS SEIN voll in mir sein. *M 46*

Wer drei Hasen jagt, fängt keinen. Wer nicht entbehren kann, kann nicht genießen. Wem alle Möglichkeiten gleich wichtig sind, wird keine wahrnehmen: wer drei Hasen jagt, fängt keinen. UND nie sind alle Möglichkeiten möglich. Ohne ein wirksames Auswahlprinzip — ohne Ihr Auswahlprinzip —, mit dem Sie sich für eine der vielen Möglichkeiten entscheiden, geraten Sie schnell in einen chronischen Dauerstreß.

Es mag manchmal schwerfallen, sich für eine Möglichkeit zu entscheiden, doch das Erlebnis und die Freiheit beginnen erst NACH der Entscheidung.

Es gilt auch hier die paradoxe Wahrheit: WENIGER IST MEHR, auf je weniger Möglichkeiten ich mich einrichte, desto mehr erhöht sich meine Erlebnisfähigkeit. Wer sich für eine Kirche fünf Stunden Zeit nimmt, sieht mehr als wer fünf Kirchen in einer Stunde besichtigt.

Um uns unsere Erlebnisfähigkeit zu erhalten und uns vor Reizüberflutung zu schützen, kommen wir um die Entscheidung für EINE Möglichkeit nicht herum. Doch wichtiger dabei ist, daß dies MEINE Entscheidung ist, daß ich MEINE Möglichkeit suche und finde, daß ich MEIN Auswahlprinzip anwende und nicht ein fremdes Auswahlprinzip übernehme, mit dem ich Möglichkeiten ergreife, die meine wirklichen Bedürfnisse nicht erfüllen.

Wir müssen wirklich nicht so viel wie möglich sehen und so viel wie möglich erleben, um später viel gesehen und erlebt zu haben. Es ist genau umgekehrt: wer sich selbst begrenzt, um nur wenig zu sehen, doch dieses Wenige viel und im Zustand voller Achtsamkeit, der sieht viel mehr als der, der viel sieht.

Denken wir an die weise Begrenzung der Sinnesorgane, die uns auch nur einen Teil des Sichtbaren und des Hörbaren wiedergeben, damit wir nicht unter der chronischen Reizüberflutung zusammenbrechen.

Selbstentfaltung und Selbsterfahrung: Der Umgang mit Menschen setzt soziale Fertigkeiten voraus, die nur im Umgang mit Menschen erworben und geübt werden können. Häufig finde ich bei Meditierenden die Überzeugung: wenn ich nur fleißig genug meditiere, werde ich sicherer im Umgang mit Menschen. Diese Überzeugung stimmt und stimmt nicht.

Es stimmt: der Meditierende wird ganz sicher mehr Vertrauen zu sich und zu seinen eigenen Gefühlen, Gedanken, Wünschen und Forderungen erwerben. Ja, die meisten lernen ihre eigentlichen Bedürfnisse erst durch die Meditation kennen. UND der Meditierende wird auch — anders als der Nichtmeditierende — genauer wahrnehmen, was ist, was mit ihm und mit anderen in einer Situation vorgeht.

DOCH kann die Meditation den Umgang mit Menschen natürlich nicht ersetzen, wenn sie auch diesen Umgang ganz sicher fruchtbarer, angenehmer, konstruktiver gestalten wird.

Der Meditierende befindet sich in der Lage eines Fahrschülers, der in einer guten Fahrschule den theoretischen Teil hinter sich gebracht hat und jetzt „nur noch” loszufahren braucht. UND eigentlich kann er ja schon fahren, denn die wenigen Griffe, die ein Auto in Bewegung setzen, sind wirklich leicht zu lernen und zu hand-

haben. Nur wird derjenige, der allein die wenigen Griffe kann, zwar das Auto in Bewegung setzen, dann jedoch eine echte Gefahr im Straßenverkehr sein. Warum? Weder weiß er, was im Auto vor sich geht, weiß nichts um Bremswege, Verkehrsregeln, Parken, Wenden, weiß auch nichts, was ein Autofahrer beachten sollte für sich selbst, bevor er losfährt.
Kurz und schlimm: er und andere werden diese erste Autofahrt kaum überleben und wenn, dann mit einem Unglück.
So ist der Meditierende ein gut vorbereiteter Fahrschüler, der im Umgang mit Menschen sehr bald Bremswege, Zusammenstöße und defensives Fahren abzuschätzen und zu schätzen weiß. Natürlich ist die Meditation viel mehr als der theoretische Teil der Fahrschule. Doch dieses Beispiel zeigt für den Meditierenden gültige Kennzeichen seiner Situation.

Herauszubekommen, wer ich wirklich bin: Bei der Selbstentwicklung handelt es sich um einen inneren Wachstumsprozeß, vergleichbar dem organischen Wachstumsprozeß. Ausgangspunkt für einen störungsfreien inneren Wachstumsprozeß ist unsere Übereinstimmung mit unseren wirklichen Bedürfnissen und wirklichen Wünschen. Wo diese Übereinstimmung fehlt, ist dieser Wachstumsprozeß gestört, und es kommt zwangsläufig zu Verkümmerungen und Mißbildungen. Doch um MEINE Bedürfnisse und MEINE Wünsche kennenzulernen, muß ich mich erst einmal selbst kennenlernen, herausbekommen, wer ich wirklich bin, um von mir zu erfahren, was ich wirklich möchte.

Der Weg nach innen, das ist zunächst kein breiter Weg, kein gemütlicher Spaziergang, sondern ein Weg mit Hindernissen, durch Gestrüpp, ein Weg, auf dem man in Gefahr gerät. Der Weg nach innen ist ein einsamer, ein fast zugewachsener Weg, weil ein von uns zu selten oder nicht mehr benutzter Weg. Doch es ist der einzige Weg, der zu uns führt. Wir haben keinen anderen, und wir können auch keine anderen Wege benutzen, die hin zu uns selbst führen.

Lebenswichtig ist, daß Sie jeden, wirklich jeden Menschen — also auch Sie sich! — als einen lebendigen Prozeß des Wachsens und Werdens begreifen lernen. Und Sie müsen gar nicht der oder jener sein **wollen,** so wie der Sonnenblumenkern sich nicht anstrengen muß, keine Rose zu werden. Wenn Sie den Prozeß Ihrer Entwicklung nicht stören oder nicht stören lassen, werden Sie genau der, der Sie, und nur Sie, sind. Denn kein anderer Mensch auf der Welt ist genau wie Sie. Kein anderer hat Ihr Gesicht, Ihre Hände, Ihre Stimme, Ihre Fingerabdrücke. Und das hat einen Sinn: ganz der zu werden, der Sie sind.
Sie sind — wie jeder Mensch — ein Entwicklungsprozeß, der erst mit dem Tode beendet ist. Und darum sollten Sie nicht ein für allemal und für immer die oder der, so oder anders sein wollen. Seien Sie ganz einfach Sie

selbst. Seien Sie der, jetzt, auch jetzt, der Sie nun einmal sind, geworden sind, bis heute. DENN in allem, was lebt, lebt und wirkt eine ihm angeborene Gestaltidee. Warum nicht auch in Ihnen? Seien Sie also ganz ruhig und verkrampfen Sie sich nicht darin, daß Sie ein anderer sein wollen. Im Grunde können Sie kein anderer als Sie selbst sein.

Die größte Gefahr des Vermeidungsverhaltens besteht darin, daß wir unser Vermeidungsverhalten nicht mehr als Vermeidungsverhalten erkennen.
Wir finden uns lieber großzügig und tolerant, ehe wir uns unsere Ängste und Hemmungen zugeben, berechtigte Wünsche und Forderungen zu stellen und durchzusetzen. Und so können wir natürlich nicht die Fähigkeit üben, etwas zu fordern und Vermeidungsverhalten als Vermeidungsverhalten zu erkennen.
Erlebnisse helfen, weil sie Erfahrungen vermitteln. Vermeidungen helfen nicht, weil sie keine Erfahrungen vermitteln.

Unsere verkannten Freunde — die Konflikte: Die uns schädigenden Verhaltensweisen wie Rauchen, Überessen, übermäßiger Alkoholgenuß, die Abhängigkeit von Drogen sollen uns von Angst und Spannungen befreien — das tun sie auch für die kurze Zeit ihrer Wirkung. Der Trinker fühlt tatsächlich weniger Angst und Spannungen, solange der Alkohol wirkt. Danach jedoch ist der alte angstvolle, spannungsvolle Zustand

wieder vorherrschend. Also wird der Trinker wieder trinken und in diesem Teufelskreis bleiben, bis er die Einsicht voll zulassen kann, daß es unerledigte Konflikte sind, die mit Ängsten und Spannungen sein Leben vergiften und es ihm so unerträglich machen, daß er das Leben, gerade noch, mit Alkohol ertragen kann.
Doch Konflikte lassen sich nicht durch Alkohol lösen (wurden noch nie durch Alkohol gelöst!), sondern durch Erweiterung der Selbstwahrnehmung, durch das Erkennen, daß Konflikte keine Schande sind, keine Schwäche, sondern daß sie uns etwas Wichtiges über uns sagen wollen. Wir können zwar eine Weile durch Ausweichverhalten vielen Konflikten aus dem Wege gehen, doch damit gehen wir uns selbst aus dem Wege und lernen niemals diese Seiten kennen, die auch zu uns gehören. UND so können wir diese Konflikte niemals lösen — uns niemals von diesen Konflikten lösen! —, sondern schleppen sie ein Leben lang, in vielen Verkleidungen, mit uns herum, bis wir sie nicht mehr tragen können, bis sie uns unerträglich werden und wir unter der Last unserer unerledigten Konflikte zusammenbrechen, ohne doch sagen zu können — und dies ist die Tragik beim Vermeidungsverhalten —, was es genau ist, das uns das Leben so schwer macht.

Wir leben mehr in unseren negativen und positiven Erwartungen als in der Wirklichkeit. Sobald wir einmal gelernt haben, unsere körperlichen Gefühle genau wahrzunehmen, werden wir erkennen: es sind in der Regel die negativen und positiven Erwartungen, auf die wir körperlich reagieren, und nur in der Ausnahme sind unsere körperlichen Gefühle Antworten auf die unmittelbare Wirklichkeit, weil wir kaum noch in der Wirklichkeit leben.

Gefährlich daran ist, daß die Spannungen und Erregungen in uns, die von Erwartungen und Vorstellungen ausgelöst werden, nicht in einem Tun abfließen können, sondern in alte negative Erwartungen und Spannungen miteinfließen und diese übermäßig verstärken.

So können sich viele kleine tägliche negative Spannungen, die nicht durch ein Tun abfließen können, zu einer großen, lebensbedrohenden Spannung anstauen. (Summationseffekt)

Jeder Erwartung ist es eigen, daß sie Erwartungsspannung erzeugt. Je größer die Erwartung, desto größer die Erwartungsspannung.

Rückgewinnung der Wirklichkeit, indem wir uns klarer darüber werden, ob wir in der Wirklichkeit oder in Erwartungen leben.

Wenn wir Ängste und Spannungen nicht mehr unterdrücken, sondern über sie nachdenken, können wir viel von uns und unserem Leben erfahren, besonders über das, was uns fehlt. Denn gerade das Unterdrückte macht Angst. (Macht Angst im Sinne von: produziert Angst, stellt Angst her.)

Meditationen

ICH weiß, daß Einsichten allein nicht genügen, *um mein Leben zu verändern. Und ich weiß auch, ohne Einsichten kann ich mein Leben nicht sinnvoll verändern. Am Anfang einer jeden Veränderung steht eine Einsicht. Und ich weiß, daß meine neuen Einsichten eine neue Lebensweise fordern, wenn ich sie wirklich begreifen will.* *M 47*

ICH habe lange Zeit immer nur das getan, was MAN tut, *und das befolgt, was MAN mir befohlen hat, und selten getan, was ich tun wollte, selten befolgt, was mir richtig schien. Und so habe ich die Verbindung mit mir selbst verloren.* *M 48*

ICH werde in Zukunft mehr darauf bestehen, MEIN Leben zu leben. *UND ich weigere mich, es Idealen und Zielen zu opfern, die mich opfern wollen. UND ich werde mich aus den Alpträumen meiner negativen Erwartungen befreien und allen ihren Gespenstern wie Ansehen, Sicherheit, Ruhm, Ehre, Tradition, Man, Was-sagen-die-anderen. Diese Gespenster werde ich zum Teufel jagen. Von diesen Gespenstern befreit, werde ich endlich kein Fremder mehr sein in meinem eigenen Leben. Tod den Gespenstern! Es lebe das Leben!*
M 49

Die Meditation über die Werte von Tätigkeiten

ICH hoffe, daß ich eines Tages alle Bewertungen unterlassen kann. Ich sehe, wie sehr ich in einem allumfassenden Bewertungssystem verstrickt bin. Ich beginne, mich aus diesem Bewertungssystem in mir zu lösen. So gibt es bei mir keine niedrigen oder höheren körperlichen Verrichtungen mehr. DENN sind die Ausscheidungen für mein Leben, für mein Dasein nicht genauso wichtig wie das Atmen, der Herzschlag, das Sehen und das Hören? Ja, warum soll das, was mit den Ausscheidungen zusammenhängt, niedriger sein? UND in der gleichen Weise werde ich auch meine Tätigkeiten nicht mehr bewerten. Einkaufen und Beten, Abwaschen und Meditieren werden eines Tages, so hoffe ich, auf ganz natürliche Weise Tätigkeiten von gleichem Rang sein.
M 50

ICH werde in Zukunft gerade bei Ärgergefühlen *diese Gefühle erst einmal genau wahrnehmen, voll fühlen und mich fragen, was sie mir sagen wollen, ehe ich sie meinen Partnern auflade als Vorwürfe oder Anklagen. DENN ich erfahre immer wieder, daß ich von meinen Gefühlen mehr Hinweise für meine Selbstentfaltung erhalten kann als von meinem Verstand.* *M 51*

Die Meditation über das lebenswichtige Wissen

ICH weiß, daß ich nichts weiß, was ich nicht selbst erfahren, nicht selbst erlitten habe. Ich weiß, daß erlerntes Wissen über Wissen ein anderes Wissen ist als das Wissen, welches ich mit meinem Leben und mit meinem Körper weiß. UND ich liebe das deutsche Wort GEDANKEN, weil nach der kleinen Vorsilbe GE: DANKEN steht. Denn ich danke den Gedanken anderer Menschen viel Wissen. Am meisten jedoch danke ich jenen Gedanken, die mich auf eigene Gedanken bringen, und Denkern, die mir sagten: „Trau meinen Gedanken nicht, ehe du sie nicht in deinem eigenen Leben überprüft hast." Froh macht mich auch, daß noch niemals die Gedanken zweier Denker übereinstimmten wie das Einmaleins, auch wenn sie über dieselbe Sache nachdachten. Ich liebe Denker, die suchen. Ich meide Denker, die erklären, den Stein der Weisen gefunden zu haben. UND ich denke nicht wie Descartes: „Ich denke, also bin ich." Als Meditierender weiß ich, daß ich viel mehr bin als meine Gedanken. Ich bin, also denke ich, fühle ich. *M 52*

ICH vertraue auf die Wachstumskräfte in mir *und werde die Richtung dieses Wachstumsprozesses nicht zu lenken versuchen. DENN es gibt keine falsche oder richtige Richtung. Ich werde ihn einfach geschehen lassen, so wie jedes Tier, jede Pflanze diesen Prozeß auch geschehen läßt. Vertrauensvoll bejahe ich diesen fast organischen Wachstumsprozeß. Ich werde in diesen Prozeß nicht eingreifen.* *M 53*

Die Meditation über das Glück im Glück

ICH suchte das Glück und das Paradies auf Erden, und jetzt entdecke ich, daß ich schon lange mitten im Glück, mitten in diesem Paradies leben durfte — allerdings ohne Augen und Erkennen dafür zu haben. Ich suchte und suchte, schon lange am Ziel, immer noch verbissen das Ziel. Weil ich den Weg nicht achtete, weil ich so schnell wie möglich ankommen wollte, nahm ich nichts richtig wahr. *M 54*

Ohne Angst Angst haben

ICH bin in mir selbst. Ich bleibe bei mir selbst, bleibe bei mir selbst, ohne mich der Welt zu verschließen, bin in der Welt, ohne mich in ihr zu verlieren. UND so kann ich ohne Angst meine Angst zulassen. Und meine Freude an der Welt zulassen, ohne mich im Außen zu verlieren. *M 55*

Die Meditation über die Wegweiser zum Selbst

ICH sehe, daß die Achse eines sich rasend schnell drehenden Rades Ruhe ist. Und die Umdrehungsgeschwindigkeit ist außen am größten und wird um so kleiner, je näher ich zur Mitte des Rades komme. UND ich habe gelernt, daß die Zentren der Wirbelstürme windstill sind. UND darum versuchen die Piloten ins Zentrum vorzustoßen, in die Windstille, in die ruhende Mitte dieses brüllenden Orkans. UND ich habe gelernt, daß die großen Propheten der Menschheit alle in die Stille gingen, um sich tiefer zu erfahren. Und je mehr ich in meine Mitte komme, je mehr es mir gelingt, von außen nach innen zu fühlen und zu denken, desto tiefere Ruhe und Stille erlebe ich, desto gelassener kann ich anschauen, was sich um mich herum so rasend bewegt. Und so wie die Quellen tief unten in der Erde ihren Ursprung haben, und die Quellen des Lebens in der Mitte der Samenkörner, nicht auf der Schale liegen, so nehme ich die Mitte meines Selbstwachstums nicht außen, sondern innen, tief in mir wahr. Und so bin ich sicher, daß ich nach innen, tief in mich hinein gehen muß, um zu mir selbst zu gelangen. Die Wegweiser zum Selbst sind nicht nach außen, sondern nach innen gerichtet. *M 56*

Über die Schwierigkeit beim Verstehen eines Satzes

Wir verstehen einen Satz nur dann, wenn er in uns die gleichen Gedanken und die gleichen Gefühle auslöst, die der Mensch hatte, der ihn genau darum geschrieben hat. Er hat nur diesen und keinen anderen Satz schreiben können. Doch wir können den Satz nur auf unsere Weise verstehen UND auf keine andere Weise. Darum werden wir auch niemals ganz die Autoren des Mittelalters verstehen, weil uns die mittelalterliche Verstehensweise fehlt, die eben jene ganz bestimmte mittelalterliche Gemütsart voraussetzt. UND so mit den Verstehensweisen der Griechen, der Römer, der Inder. Wir lesen die Worte, doch wir kennen die Zeit nicht, in der und aus der sie entstanden sind. *M 57*

ICH bin jetzt auch meine Zukunft und meine Vergangenheit. *Doch lange Zeit stand die Vergangenheit für sich, wenn ich Vergangenheit dachte. Und die Zukunft stand für sich, wenn ich an die Zukunft dachte. Und wenn ich mir vornahm, ein Ziel zu erreichen, so stand das Ziel für sich allein, das Erreichen für sich allein. Und alles war für mich entweder Mittel oder Zweck. Und wenn ich früher wanderte, dann stand das Ziel meiner Wanderung für sich, und der Weg stand für sich. Und wenn ich früher etwas suchte, dann stand das Suchen für sich (als unbefriedigender Zustand) und das Finden für sich. Heute bilden Suchen und Finden einen Zustand UND Vergangenheit, Gegenwart und Zukunft einen Zustand: JETZT.* *M 58*

ICH nahm lange Zeit die Gegenwart gar nicht wahr, weil ich immer für eine unbestimmte Zukunft lebte. *M 59*

ICH möchte, endlich, wirklich begreifen lernen, daß jede Entscheidung 999 andere Möglichkeiten ausschließt und daß jedes Tun positive und negative Folgen hat. *M 60*

ICH möchte genug Selbstvertrauen haben, *um aufrichtig gegen mich und gegen andere sein zu können. Ich glaube, als Kind mußte ich mich zu oft verstellen, um akzeptiert und geliebt zu werden. Ich will, endlich, begreifen lernen, daß ich ja kein Kind mehr und also längst nicht mehr so schwach und abhängig bin von der Zuneigung und Achtung der anderen wie früher. UND ich muß mich ja nicht verstellen, um akzeptiert zu werden. UND darum werde ich in Zukunft Menschen meiden, die mich dazu zwingen oder verleiten wollen, jemand anders zu sein, als ich bin.* *M 61*

ICH höre von jedem, wie ich sein soll, *höre vom Staat, von der Kirche, von der Familie, höre von Freunden und von Bekannten: du sollst nicht du sein. UND da ich diese Forderungen ernst nahm, bin ich mir in allen diesen Forderungen verlorengegangen. Niemand hat mir gesagt: werde du selbst. Jetzt sage ich es mir: werde du selbst.* *M 62*

ICH werde in Zukunft üben, mehr ICH zu sagen *und ICH zu denken und ICH zu fühlen und Worte wie MAN, ABER, ENTWEDER-ODER zu meiden. Und wo ich sie höre, werde ich ihnen mißtrauen und sie hinterfragen.* *M 63*

ICH möchte einen neuen Umgang mit meinen Wünschen und Erwartungen lernen. *Je größer die Wünsche, desto größer die Gefahr, daß die Wirklichkeit sie nicht zu erfüllen vermag. Lange Zeit haben mich unerfüllbare Wünsche in einen Dauerzustand von Enttäuschungen versetzt. UND ich wäre wirklich bald vor den vollen Schüsseln meines Lebens verhungert.* *M 64*

ICH habe manchmal, eigentlich oft, Schwierigkeiten, *meinen Ärger, meine Forderungen und meine Enttäuschungen offen auszusprechen. Ich werde in Zukunft versuchen, ganz bewußt berechtigte Forderungen und auch meinen Ärger gleich offen auszusprechen und sie nicht mehr lange mit mir herumzutragen.* *M 65*

Die Zeitmeditation

ICH habe nicht Zeit, ich bin Zeit. Alles kommt zu seiner Zeit, alles geht zu seiner Zeit. Zeit wird zur Ewigkeit, Ewigkeit wird zur Zeit. UND ich habe keine Zeit zu gewinnen. UND ich habe keine Zeit zu verlieren. UND ich habe keine Zeit totzuschlagen. DENN ich selbst bin die Zeit, und die Zeit ist ich. Und ich verwechsle nicht mehr die Zeit auf den Zifferblättern der Uhren mit der Zeit, die ich bin. *M 66*

Die Raummeditation

ICH bin in Raum und Zeit: ich bin Raum und Zeit. UND ich bin der unendliche Raum, weil ich mir alle Räume, die sind, vorstellen kann, weil ich alle Räume bin. So räumlich klein auch die Zellen meines Gehirns sind, sind sie doch die Speicher, die Schöpfer aller Räume — aller Räume, der endlichen wie der unendlichen, der vorstellbaren wie der unvorstellbaren. *M 67*

Die Meditation über das Normale

ICH begreife endlich, daß so vieles, was ich für normal und fraglos gehalten habe, in Frage gestellt, nicht als normal hingenommen werden sollte. Von Jugend auf bin ich angehalten worden, die Ausscheidungen des Körpers als niedrig zu betrachten, als unvereinbar mit dem Höhenflug des Geistes. UND das fand ich ganz normal, bis ich zu meditieren begann. UND genauso mit den Tätigkeiten der Menschen: die Arbeiter, die eine Straße bauen; der Schriftsteller, der einen Roman schreibt; die Hausfrau, die ein Essen zubereitet; das Kind, welches das Einmaleins lernt; der Politiker, der regiert, alle diese Tätigkeiten haben sie nicht den gleichen Wert? Und ich werde so weit kommen, daß ich das Gedicht eines Unbekannten mit der gleichen Aufmerksamkeit und Liebe lese wie das Gedicht eines „berühmten", also viel gerühmten und gelesenen Dichters. Und so mit den Bildern. Ich möchte die Wertetabelle in mir zerbrechen: Große Maler — kleine Maler, große Dichter — kleine Dichter, große Künstler — kleine Künstler. Heißt dieses Groß und Klein denn nicht, den spontanen Tätigkeiten der Menschen Gewalt antun? Ist es nicht lächerlich im Grunde, wenn jemand, der keine Gedichte macht, zu einem sagt, der Gedichte macht: „Dein Gedicht ist ein geringes Werk, nicht der Mühe wert."? Wäre es nicht ehrlicher zu sagen: „Dein Gedicht kann ich nicht wahrnehmen. Ich lese es, aber es bewegt sich nichts in mir. Doch das muß nicht die Schuld des Gedichtes sein." UND dies alles heiter gesagt, fröhlich, liebevoll. *M 68*

ICH gebe mir viel, wenn ich gebe. *Ich muß weggeben, was ich behalten will, denn Geben ist auch eine Form des Nehmens. Und ich bekomme viel mehr, als ich bekomme, wenn mir jemand etwas gibt. DENN nicht das Geschenk ist kostbar, sondern das Schenken. Nicht die Gabe ist kostbar, sondern das Geben.* *M 69*

ICH weiß besser, was für mich richtig ist, *seit ich mich in der Meditation besser kennenlerne. Früher lebte ich so, als wüßte jeder andere besser als ich, was für mich richtig ist. UND ich selbst war der einzige Mensch, den ich dabei nicht fragte, nicht ernst nahm. Heute frage ich mich zuerst, heute nehme ich mich ernst.* *M 70*

Wege entstehen, indem wir sie gehen. *UND welchen Weg Du auch gehen magst, er wartet mit Erfahrungen auf Dich, die Du nicht gemacht hättest, wärst Du einen anderen Weg gegangen. Und am Ende eines jeden Weges wartet jemand auf Dich: Du selbst bist es, der dort wartet. DENN alle Wege sind Wege zu Dir selbst. Und Du selbst bist der wichtigste Teil aller Wege, aller Wege, die Du gehst, und aller, die Du gegangen bist, und aller Wege, die Du noch gehen wirst.* *M 71*

Du bist auf dieser Welt einmalig und einzigartig. *Und Du wirst nie wieder sein. UND dieser Tag heute wird nie wieder sein. Alles, was Du tust, ist wichtig, wenn Du es tust, Du, als das einmalige und einzigartige Wesen in dieser Welt.* *M 72*

ICH begriff spät die Weisheit der Begrenzung, *diese Weisheit, die darin liegt, daß ich nicht an zwei Orten zugleich sein, nicht zwei Gedanken zur gleichen Zeit denken kann. Diese Begrenzung läßt mich eindringen in den Gedanken, den ich denke, in den Ort, wo ich gerade bin, eindringen auch in das Gefühl, das ich gerade fühle. Durch diese Konzentration auf das Wenige, wird das Wenige zum eindringlichen Beispiel für die Vielheit, und das Einzelne wird zum Einzigen.* *M 73*

Die Worte, die wir lernen und ein Leben lang gebrauchen, bleiben nur anscheinend immer dieselben. *In Wirklichkeit verwandeln sich die meisten Worte im Laufe eines Lebens, grundlegend. Und so ist das Mißverständnis zwischen Menschen, die miteinander sprechen, die Regel.*
(So stellt sich das Kind unter Erwachsensein, Liebe, Tod, Kindheit, Wissen etwas ganz anderes vor als der Erwachsene.) *M 74*

ICH verändere mich, weil sich mein Bewußtsein von mir verändert. Ich verändere Dich, weil sich mein Bewußtsein von mir verändert. Ich verändere die Welt, weil sich mein Bewußtsein von mir verändert. *M 75*

Werde Dir darüber klar, daß niemand Dir Achtung vermitteln kann, wenn Du Dich selbst nicht achtest. Achte Dich selbst, dann werden Dich auch die anderen achten. *M 76*

Verlangen nach Erfolg und Ruhm ist eigentlich weiter nichts als Angst vor Mißerfolg und Bedeutungslosigkeit. Je erfolgreicher einer sein muß, desto größer seine Angst, Mißerfolg zu haben. *M 77*

Mehr ist besser als weniger, *so lautete das Glaubensbekenntnis der Habgier. Mehr haben ist besser als weniger haben: und noch mehr Geld haben, noch mehr Land haben, noch mehr Arbeiter haben, noch mehr Liebe haben, noch mehr Glück haben. Doch diese Logik des Habens ist nicht bio-logisch. Es gibt ein Höchstmaß des Habens, darüber hinaus wird das Haben schädlich: zu viel essen, zu viel Sex, zu viel Abwechslung, zu viel Trinken. — Das Nochmehr schlägt also um ins Zuviel und zerstört den Habgierigen.*
(Vergessen wir nicht, daß der Mensch nur lebensfähig ist durch die Begrenzung. Was wir sehen, ist immer nur ein Teil des Sichtbaren. Was wir hören, ist immer nur ein Teil des Hörbaren. Was wir erleben, ist immer nur ein Teil des Erlebbaren.) *M 78*

Es gibt lebenspendende Erfahrungen und lebenzerstörende Erfahrungen, lebenspendende Gedanken und lebenzerstörende Gedanken, lebenspendende Gefühle und lebenzerstörende Gefühle. *M 79*

In unserer Habgier liegt die Bedrohung unserer Lebensfreude, *unseres Wachstums, unserer Wünsche. Denn mit jedem neuen Haben entsteht eine neue Angst, die Angst vor dem Verlust des neuen Besitzes. Denn wer hat, der möchte behalten. Denn wer hat, der klammert sich an das, was er hat. DENN es gibt nichts, was ein Mensch hat, das er nicht auch verlieren könnte. M 80*

Du hast nicht Liebe zu geben, und Du hast nicht Liebe zu empfangen, wenn Du nicht Liebe bist. M 81

Die Liebe ist so, wie ich es gar nicht sagen kann, so groß, so unendlich hoch, so unendlich tief, so unendlich weit. Die Liebe ist so, wie ich es mir gar nicht vorstellen kann. So ist die Liebe also immer mehr, als ich sagen und wissen kann. M 82

ER ist *sich nicht klar darüber, daß er, wann immer er mit einem bestimmten Menschen spricht, nicht direkt mit ihm spricht, sondern mit seinem Bild, seiner Projektion von ihm. Und andauernd verwechelt er Projektion und Wirklichkeit. Er will, daß die Menschen so sind, wie er sich vorstellt, daß sie sein sollten. Wollen sie nicht so sein, dann paßt er nicht etwa sein Bild dem lebendigen Menschen an, sondern versucht, dem lebendigen Menschen sein Bild überzustülpen. Er tut vieles nur, um auf sich und andere Eindruck zu machen oder um Erwartungen anderer zu erfüllen.* M 83

ICH will nicht, daß andere für mich noch über mich reden und nachdenken, sondern mit mir über mich reden und nachdenken. M 84

Wessen Glück zu viele Bedingungen kennt, der hungert vor vollen Schüsseln und leidet bitterste Not inmitten goldener Fülle. Dessen Glück keine äußeren Bedingungen kennt, der allein ist im wahren Glück. *M 85*

Wenn Du dem begegnest, was Du so lange gesucht hast, wirst Du, augenblicklich, mit Deinem ganzen Leben antworten. *M 86*

Wo mit aller Gewalt das Glück gewollt wird, dort ist das Unglück unvermeidlich. *M 87*

Der Mensch, der sich selbst mit sich selbst betrügt, betrügt sich um seine Selbstverwirklichung. *M 88*

Es gibt Probleme, die gelöst werden können — diese lösen. Es gibt Probleme, die nicht gelöst werden können — das erkennen. *M 89*

Die Meditation über das Grundgefühl, von dem alle Weisen und alle Religionsstifter in allen Sprachen, in allen Religionen und allen Weisheiten sprechen.

Du, Geheimnis aller Geheimnisse.
Du, Grund aller Gründe.
Du, Ziel aller Ziele.
Du, höchste Identität, Du.
Du, innerstes Licht.
Du, innerste Wärme.
Du, innerste Geborgenheit.
Du, letzter Mittelpunkt.
Du, Grund allen Lebens.
Du, letzte Bedeutung.
Du, alles durchdringende Freude.
Du, goldene Heiterkeit.
Du, Unfaßbares.
Du, Unsagbares.
Du, Undenkbares.
Du, überwältigendes Wissen.
Du, wirkliche Heimat.
Du, blaue Blume, Du.
Du, ozeanisches Gefühl, Du.
Du, alles veränderndes Verstehen.
Du, letzter Weg.
Du, letztes Ziel. *M90*

Assoziationsmeditationen

Die Assoziationsmeditation über das Wort BEGRIFF

BEGRIFF: etwas in den Griff bekommen. Etwas begreifen, so wie Kinder Dinge, die sie nicht kennen, begreifen, um sie zu begreifen. Begreifen ist begreifen, in die Hand nehmen, handhaben, handeln, Handlung. Der Handel mit Begriffen, von denen Politiker, Philosophen und Verleger leben. Begriffsstutzig. Unhandlich. Unbegrifflich. Unbegreifbar wie Gott, den Du mit Deinen Händen nie begreifen wirst. Griff in die Leere. Griff ins volle Menschenleben. *AM 1*

Die Assoziationsmeditation über das Wort SPRECHEN

SPRECHEN: und versprechen. Ein Versprechen geben können sich nur Menschen, die miteinander sprechen. Wer alleine spricht, kann sich versprechen. Vielsprecher, wie Radio- und Fernsehsprecher, versprechen sich oft, doch sie geben nie ein Versprechen. Zwei Menschen, die sich einander versprechen — zwei Menschen, die einander versprochen sind. *AM 2*

Die Assoziationsmeditation über das Wort SPRÜNGE

SPRÜNGE: Sprünge und Ur-Sprünge. Seiten- und Freudensprünge. Hoch-, Weit- und Tiefsprünge. Freiwillige und unfreiwillige Tiefsprünge. Sprünge über den Abgrund. Beziehungen, Teller und Tassen, die einen oder mehrere Sprünge haben. Jemandem, der keine großen Sprünge machen kann, auf die Sprünge helfen. Sprungauf, marsch, marsch! Die Beziehung des Menschen zum Menschenaffen hat einen Ursprung. Sprungmechanismen. Sprungdeckel. Sprungreiter. Sprung aus dem Kellerfenster. *AM 3*

Die Assoziationsmeditation über das Wort WELT

WELT: Die Welt und die Welten. Meine, Deine: unsere Welt. Seine, Ihre: ihre Welt. Vernunftswelt. Gefühlswelt. Denkwelt. Vorstellungswelt. Vorstellungswelten: die der alten und der neuen Griechen, die der alten und der neuen Römer, die der alten Germanen und die der Bundesbürger. Theaterwelt. Welttheater. Weltbilder. Weltschatten. Weltzeiten. Entweder weltlich oder nicht von dieser Welt sein. Weltfriedhof. Weltregierung. Weltkrieg. Weltfrieden. Frauen und Männer von Welt. Die große, weite Welt. Die kleine, enge Welt. Und alle die vergangenen Welten. Und alle die kommenden Welten. Die untergehenden Welten. Die untergegangenen Welten. *AM 4*

Die Assoziationsmeditation über das Wort ERLEBNIS

ERLEBNIS: Icherlebnis — Duerlebnis — Wirerlebnis — Gotterlebnis — Hörerlebnis — Seherlebnis — Geschmackserlebnis — Naturerlebnis — Arbeitserlebnis — Liebeserlebnis — Kommunikationserlebnis — Naherlebnis — Flugerlebnis — Muttererlebnis — Vatererlebnis — Lusterlebnis — Ekelerlebnis — Gleiterlebnis — Fallerlebnis — Kälteerlebnis — Ruheerlebnis — Entspannungserlebnis — Sättigungserlebnis — Erholungserlebnis — Urlaubserlebnis — Gemeinschaftserlebnis — Trennungserlebnis — Wiedersehenserlebnis — Abschiedserlebnis — Schmerzerlebnis — Todeserlebnis — Glückserlebnis — Versenkungserlebnis. *AM5*

Die Assoziationsmeditation über das Wort SCHLAGEN

SCHLAGEN: Eier in die Pfanne schlagen. Kindern gute Sitten anschlagen. Den Gegner schlagen, zusammenschlagen, kampfunfähig schlagen, totschlagen. Geschlagen sein. Beschlagen sein. Verschlagen sein. Schlagende Beweise. Schlagende Studentenverbindungen und andere Schlägereien. Schlägersitten. Schlägerregeln. Beratschlagen. Worte der Eltern und anderer Erzieher, die sich in unserem Denken niedergeschlagen haben — ein Gedanke, der mich niedergeschlagen macht. Schlagen, zuschlagen und Gegenschläge. Schlagseite. Plakatanschlag. Schlägertrupp. Schläger und Tennisschläger. Schlagschatten. Einschlagen: ein guteingeschlagener Nagel, ein Lehrling, der gut einschlägt. Vorschlag — Nachschlag. Hier ist die Stelle, um vom sogenannten Boxsport zu reden, der einzigen Kampfart, deren Ziel es ist, den Gegner durch Gewaltanwendung niederzuschlagen, zusammenzuschlagen, k. o. zu schlagen. Es bereitet in unserer Gesellschaft nicht zufällig so viel Vergnügen, zuzusehen, wie sich Menschen zusammenschlagen, blutig schlagen, totschlagen. (Seit Kriegsende 350 Ringtote.) *AM 6*

Die Assoziationsmeditation über das Wort SÄTZE

SÄTZE: Ansätze — Beweissätze — Gegensätze — Kernsätze — Nachsätze — Vorsätze — vorsätzlich — Lobessätze — Idealsätze — Wortsätze — Musiksätze — Lehrsätze — Leersätze mit zwei e — Grundsätze — Lebensgrundsätze — Parteigrundsätze — Rechtsgrundsätze — grundsätzlich — Nebensätze — Hauptsätze — Oberhauptsätze — heilige Sätze — niederträchtige Sätze — verteufelte Sätze — ein Satz von Beethoven — Einsätze — Kriegseinsätze — Einsätze von Glasaugen — Einsätze von Prothesen — Satzprothesen — ein Satz Prothesen — ein Satz Tassen und Untertassen — ein Satz über den Zaun — Die Einsätze erhöhen sich. — die Zwei- und Dreisätze in der Mathematik — die vier und fünf Sätze zu viel am Tag — Der erste Satz am Tag ist wichtig: die Begrüßungssätze: Guten Tag!, Guten Morgen!, Guten Abend! — unaufrichtige Sätze — Fragesätze: Wie geht es? — Erwartungssätze — Lohnsätze — Danke gut! — Nahsätze und Nächstensätze — Ich liebe dich wie meinen Nächsten. Ich begehre dich. — Intimsätze — Mit dir ist es am schönsten: was auch immer, nicht nur das. — Nicht, daß du denkst, ich will dir schöne Sätze sagen. — Sag mir den schönsten Satz der Welt. (Ich weiß ihn, aber ich verrate ihn nicht.) — Rätselsätze müssen sein. — Am Anfang war das Wort, und das Wort war bei Gott. — Immer wird er das letzte Wort haben. — Satzteufel (Weißt Du zwei?) — undimmerimmersoweiter, grundsätzlich.

AM 7

Die Assoziationsmeditation über die Sätze
ICH SEHE NICHTS und ICH SEHE NICHT

ICH sehe nichts. Ich sehe — nichts. Ich sehe, daß ich nichts sehe. Ich weiß, daß ich sehen kann. Ich bin ein Sehender, der nichts sieht. Doch ich will nichts sehen, ich sehe darüber hinweg. Ich bin ein Sehender, der zwar nicht sehen wollte und sehen kann. Ich kann nichts sehen. Ich kann sehen, daß ich nichts sehe. Ich weiß, was ich sehen könnte — und weil ich weiß, was ich sehen würde, sehe ich nicht hin. Ich tue so, als ob es nichts zu sehen gäbe. Und ich weiß, all dies sind Verhaltensweisen eines Sehenden.
Ich kann nicht sehen. Ich kann nicht — sehen. Ich sehe nicht, ich bin blind. Ich weiß nicht, was Sehen ist. Ich kenne die Welt der Sehenden nicht. Oft will ich, daß ich sehen könnte. Ich sehe nicht einmal die Dunkelheit meiner Blindheit. Ich stoße nur überall an. Ich bin unsicher inmitten all dieser Sicherheit. Ich beneide Menschen, die ich sagen höre: ich kann nichts sehen. UND wenn ich sage: ich kann nicht sehen, frage ich mich gleichzeitig: was ist Sehen, was ist das, was ich nicht kann? Ich fühle, daß ich eine Aussage mache über etwas, was für mich unvorstellbar ist. *AM 8*

Die Assoziationsmeditation über das Wort SELBSTÜBERWINDUNG

SELBSTÜBERWINDUNG: Selbstermordung — Selbstüberwinder — Selbstmörder — Selbsttötung — Selbstverstümmelung — Selbstfallen — Selbstdressur — Selbstverachtung ... Selbstachtung — Selbstakzeptierung — Selbstbestätigung — Selbstgenuß — Selbsthalt — Selbstidentifikation — Selbstmodell — Selbstnatürlichkeit — Selbstwahrnehmung — Selbstentfaltung — Selbsterfüllung. *AM 9*

Die Assoziationsmeditation über das Wort RUF

RUF: mich mal an — Habe ich einen guten oder schlechten Ruf? — Woher kommt Dein guter Ruf? — Der Nachruf ist immer der beste von allen. — Rückruf nicht nötig. — Aurufe und Aufrufe — Ruf in der Wüste — Ruf als Beruf — Rufmord — Rufpflege — Rufaufwertung — Notruf — Rufs- und Berufskrankheiten — Ruftherapie — Ruflustmord — Ruffallen — verlogen wie ein Nachruf. *AM 10*

Die Wahrnehmung des Davor entsteht aus dem Danach:

Liebe — Vorliebe — Nachliebe.
Geschmack — Vorgeschmack — Nachgeschmack.
Sicht — Vorsicht — Nachsicht.
Sehen — Nachsehen — das Nachsehen haben — Vorsehen — Vorsehung.
Spiel — Vorspiel — Nachspiel.
Leben — Vorleben — Nachleben.
Laufen — Vorlaufen — Nachlaufen.
Wort — Vorwort — Nachwort.
Fahren — Vorfahren — Nachfahren.
Wir — Vorfahren — Nachfahren.
Beten — Vorbeten — Nachbeten.
Denken — Vordenken — Nachdenken.
Sprechen — Vorsprechen — Nachsprechen.
Zahlen — Vorzahlen — Nachzahlen.
Singen — Vorsingen — Nachsingen. *AM 11*

Die Assoziationsmeditation über das Wort LEIDEN

LEIDEN: mitleiden — bemitleiden — verleiden — Leidensdruck — Leidenslosigkeit (als Ziel) — Leidensunfähigkeit — Leidensfähigkeit — Leidensmeisterschaft — Leidensolympiade — Ich kann dich leiden. — Wir leiden, denn wir können uns leiden. — aneinander leiden, miteinander, füreinander, gegeneinander leiden, leiden, leiden — miteinander Leiden überwinden — miteinander überwinden, was Leiden schafft — Lei-

denslust — Leidensüberdruß — Leidenstiefe — Leidenshöhe — ein mittelmäßiges Leiden — ein attraktives Leiden — ein gewinnbringendes Leiden — (Weltschmerz) — seelische Leiden — körperliche Leiden — Phantomleiden — Leidensziele — Leidenswege — Leidensumwege — Leidensstraßen sind meist Einbahnstraßen. — Leidensseligkeit — Leidensparadies — Leidenshölle — die bitteren Früchte vom Baum des Leidens (nicht mit dem der Erkenntnis zu verwechseln!) — Leidensschulung — Leidensumschulung (Woran die mittelalterlichen Menschen alles litten!) — unser Leiden nicht leiden zu können — Wir akzeptieren nur Leiden, wenn wir leiden müssen. — die Leiden Jesu — die Leiden der Mütter, die mit ihren Kindern in die Gasöfen getrieben wurden — die Leiden der Männer und Väter, die das erleben und überleben mußten — die Leiden der Gekreuzigten — die Leiden der Geräderten, Gefederten, Geteerten, Gefolterten — und die falschen Leiden der Almosengeber gegen Hunger in der Welt — und die falschen Leiden der schlagenden Väter und Mütter, die sagen: „es tut mir mehr weh als dir" — Erfinder und Erleider von Leiden — Leiden, die nicht körperlich weh tun (welche fallen Dir ein?). *AM 12*

Die Assoziationsmeditation über das Wort ANSEHEN

ANSEHEN: A wurde oft angesehen. A ist angesehen. A wurde noch öfter angesehen. A ist sehr angesehen. A genießt Ansehen. A genießt das Ansehen aller. A möchte immer im Mittelpunkt stehen und angesehen werden. A hat Angst, nicht angesehen zu werden. A weiß, daß Ansehen von Sehen kommt: die, die man nicht sieht, genießen kein Ansehen; die, die man wenig sieht, genießen wenig Ansehen; die, die man übersieht, noch weniger; die, die man aus der Froschperspektive ansieht, die Lehrer und Redner und Vortragende genießen, daß sie Ansehen genießen. Sie stehen gerne hoch. Je höher sie stehen, desto mehr Ansehen genießen sie unten. Auch A hat es gerne, wenn man zu A hinaufsieht. A träumt von hundert Meter hohen Rednerpulten. A hat immer eine Leiter bei sich, innerlich. An dieser imaginären Leiter klettert A zuerst hinauf, ehe A sich zum Weltgeschehen äußert — drunter tut A es selten — außer: „Frühstückseier müssen weich sein ... Ein anständiger Mensch tut so etwas nicht ... Alle Neger sind schwarz." A prophezeit gerne Kriege, die schon toben. A trägt eine dunkle Brille. Blicke können töten. A trägt immer Pflästerchen bei sich. Blicke können verwunden. A hat sich nie das Wort ANSEHEN angesehen. *AM 13*

Die Assoziationsmeditation über das Wort LIEBE

LIEBE: meine, Deine, seine, ihre, unsere Liebe — Nächstenliebe — Gottesliebe — Kinderliebe — Tierliebe (Blattläuse und Kartoffelkäfer und Viren ausgenommen) — Liebeslust und Liebesleid — Liebe Leute! — Menschenliebe — Menschen lieben Menschen, selten. — Menschen lieben Tiere, oft. — Tiere lieben Menschen? — Menschenliebe ist kompliziert. — Die Liebe zu einem Menschen ist kompliziert, immer wackelt was, immer fehlt was, immer ist etwas zu viel. — Liebe Deinen Hund wir Deinen lieben Nächsten. — menschliche Liebe — Eheliebe — Feindesliebe — Partnerliebe — göttliche Liebe — Lebensliebe — Naturliebe — natürliche Liebe — natürlich, Liebe — liebe natürlich! — Was ist natürlich? — Natürlich ist — aber lassen wir das. Ist doch unnatürlich, über so was Natürliches wie die Liebe zu philosophieren — oder? — kindliche Liebe — kindische Liebe — hündische Liebe — Katzenliebe — ein von sechs Hunden geliebter Mensch — liebenswürdig — liebensunwürdig — liebesfähig — liebesunfähig — Liebesunfähigkeitsnachweis — gynäkologischer Liebesfähigkeitsnachweis — Liebesbeweis — Liebesverweis — Mutters Liebling sein — Mutterliebe und Rosinenkuchen — Vaterliebe und Zigarrengestank — (Mutters Küsse schmeckten nach Sahnebonbon, Vaters überhaupt nicht.) — Küsse als Liebesbeweis — Ehrlichkeit als Liebesbeweis — Liebesentzug als Liebesbeweis — Haß als Liebesbeweis — Liebesverlangen — Liebesschmerz — Liebeslachen (ist typisch) — Liebesakt — Liebesakte — Liebesaktfotos — Liebe als Le-

bensprinzip — Liebe als Überlebensprinzip — Wer sich selbst liebt, tut gut daran (auch hat er meist wenig Rivalen zu fürchten). — Wer sich selbst liebt, nur der kann andere lieben — ein Satz, der nur stimmt, wenn bestimmte Menschen es sagen, bei anderen stimmt er überhaupt nicht. Wenn Du ihn sagst, stimmt er immer. — Wer sich selbst liebt, nur der kann andere lieben — dieser Satz als Feigenblatt für Leute, die über Leichen gehen, schämen sich wenigstens. — Liebende gehen nicht über Leichen. — Liebende sind ungefährlich — für andere — Lieblinge des Schicksals — Lieblinge der Götter — die griechischen Götter als Lieblinge sündiger Menschen (Ich liebe die griechischen Götter, ihr heruntergekommenes Saufen, Essen und Trinken und Miteinanderschlafen. Alles im Übermaß: einfach göttlich; wenn schon, dann beschläft ein Gott gleich vierhundert Jungfrauen, macht das ab in einer Nacht und ist danach weltberühmt für immer.) — Liebe und Ruhmesliebe der Götter — Heldentat unseres Gottes: schmiß uns aus dem Paradies. Liebte er uns denn so sehr, daß er uns nicht einmal dieses Äpfelchen vergeben konnte? Gut, daß menschliche Apfelbaumbesitzer so göttlich nicht sind. — Liebe ich Gott? — Liebt Gott mich? — Liebe braucht keine Beweise — na also! — Er liebt Dich trotzdem, tarnt es gut, sehr gut. — Was wäre aus uns geworden, wenn Gott Eva geliebt hätte? Wohin mit der Eifersucht Adams? Nicht schlimm für einen Gott. Verwandelt ihn in einen Käfer. Denn Eva haßt Käfer. — So verliebt bin ich in uns Menschen — auch in mich, daß ich mir manchmal neue Schöpfungsgeschichten ausdenke, nur Liebesgeschichten. — die drei Liebesgedichte in meinem Leben: meine heilige Dreifaltigkeit, Einfältigkeit UND es wird kein viertes geben. — Ich liebe meine Liebesgedichte wie mich selbst. — Am Anfang meiner Liebesgedichte war nicht das Wort. — Liebe als Lust — Liebe als Freude — Liebe als Lebensfreude — Liebe als Lust am Leben — Ich kann nur lange lieben. — Die langen Freuden einer langen Liebe — Lebensweg als Liebensweg — Lebenslauf als Liebeslauf — Wo die Liebe hinfällt, steht sie wieder auf. — Wehe dem, dem Liebe ist nichts als ein Wort! — Worüber Sprachwissenschaftler nachdenken sollten: Säuglinge lieben schon, auch wenn sie nur lallen können. Vielleicht lieben sie gerade dann wie nie mehr wieder in ihrem Leben. — Jetzt stelle ich mir Shakespeare als lallenden Säugling vor. Wie verliebt hätte seine Mutter in ihn sein müssen, um auch nur zu ahnen, wen sie da an ihrer Brust hielt. Denn Shakespeare ist ein liebenswürdiger Mensch. (Fallen Dir andere liebenswürdige Menschen ein? — mir schon: Gandhi, Tucholsky, Rilke, Hölderlin, Kafka, Rosa Luxemburg, Marx — lauter liebenswürdige Menschen.) Und jetzt — nenn Du die Namen der Dir liebenswürdigsten Menschen — doch, bitte, keine Götter UND vergiß Dich selber nicht. Sei Dir selbst liebenswürdig. Bist Du Dir liebenswürdig? Liebst Du Dich?

AM 14

Die Assoziationsmeditation über das Wort WORT

WORT: DAS Wort, das ist für viele das Wort Gottes. — DAS WORT, das am Anfang war. — Am Anfang war das Wort. Also war Gott nicht sprachlos. — Worte nichts als Worte? — Worte sagen können. — Die richtigen Worte sagen können. — Die Worte, die jetzt gesagt werden müssen, sagen, jetzt sagen, jetzt und nicht morgen. — Das hat etwas Göttliches an sich. — Denn Worte können sein wie Brot dem Hungrigen. — Worte können sein wie Wasser dem Durstigen. — Worte können sein . . . Worte SIND Schutz dem Schutzlosen. — Worte sind wie Brot, sind wie Wasser so wichtig den Lebenden. — Manche Worte geben mehr Sicherheit als die sichersten Atombunker. — UND Worte sind Hilfe den Hilflosen, sind das, auf das sie sich berufen können. — Worte sind mehr als Verständigungsmittel zwischen Säugetieren. — Der Zweck der Worte? — Der Sinn der Worte? — Die Wahrheit der Worte? — Der Anfang der Worte? — UND das Ende der Worte wird das Ende dieser Welt sein. — UND es gibt heilige Worte, die dauerhafter sind als alle Tempel, alle Kirchen, alle Götter. Diese Worte kommen in jeder Sprache vor. Es sind kleine und meist vokalreiche Worte: DU, LIEBE, SEELE, LEBEN. — UND ein Leben reicht nicht aus, auch nur diese paar Worte annähernd zu wissen, zu leben. — UND Worte können sein wie Wüste, wie Krankheit. — Diese zwecksüchtigen, profitbringenden, selbstsüchtigen Worte der Reklamemacher, der Nachrichtenmacher, der Bedürfnismacher, der Kriegsmacher, der Hungermacher, der Geldmacher: Wortwüsten, Wort-

abfall, Verschmutzung der Welt durch Worte. — UND keines dieser Worte war am Anfang. — UND keines dieser Worte ist wert der Gabe der menschlichen Sprache. —
UND die wichtigsten drei Worte? — UND der Satz mit der tiefsten Aussage? — UND der Satz, der alles enthält, alle Rätsel, alles Glück, alle Leiden und alle Freuden der Menschen? — UND weißt Du ihn? — ICH LIEBE DICH: Liebe, Du, ich. — Dieser Satz kommt mir vor wie die Urzelle aller Gedichte, Romane, Theaterstücke, Gebete, Meditationen. *AM 15*

Die Assoziationsmeditation über den Satz ICH BIN SICHER

ICH BIN SICHER: Da bin ich sicher. Hier bin ich sicher. In diesen Gedanken und Gefühlen habe ich festen Boden unter meinen Füßen, erkenne ich mich wieder — bin ich sicher. In dem Gedanken bin ich sicher mehr ich als in anderen Gedanken. Da bin ich sicher. Ich fühle mich sicher in meinen Gedanken und Gefühlen. UND das macht mich sicher. *AM 16*

Die Assoziationsmeditation über das Wort WEG

WEG: Glücksweg und Unglücksweg. Weg der Tränen. Weg des Lachens. Weg der Erinnerungen. Weg der Hoffnungen. Weg der Gegenwart. Nur ein Weg? Ein Weg wohin? *AM 17*

Die Assoziationsmeditation über das Wort ENDE

ENDE: Beendigung — Vollendung — beenden — vollenden — verenden — Endstufe — Endphase — endlich (ist der Mensch) — endlich (bist du da) — ein schlechtes Ende genommen — ein gutes Ende bekommen — endlos, ohne Ende — von Ende zu Ende, wir sind am Ende, ein vorläufiges Ende. *AM 18*

Hinführung 4

SELBSTBILD UND ANDERE PROJEKTIONEN

Fürchte Dein Selbstbild als Deinen natürlichen Feind!

Jeder von uns hat ein Bild von sich selbst: sein Selbstbild. Doch niemand erwirbt sich sein Selbstbild selbst. Jeder empfängt in Kindheit und Jugend das Selbstbild von seinen Eltern und anderen wichtigen Beziehungspersonen. So hat das Selbstbild selten etwas mit dem zu tun, der ich wirklich bin. UND wenn ich die Forderungen meines Selbstbildes erfülle, erfülle ich die Erwartungen und Bedürfnisse anderer. UND so ist die Regel in unserer Gesellschaft, daß viele Menschen ein ganzes Leben leben, ohne sich wirklich selbst erlebt zu haben, ohne sich selbst begegnet zu sein.

Weil wir nur zufrieden mit uns sein können, wenn wir in Übereinstimmung mit unserem Selbstbild leben und handeln, sind **in unserer Gesellschaft die meisten Menschen nur dann froh und zufrieden, wenn sie nicht sie selbst sind** — anders wäre der Massenerfolg der Werbungen und der politischen Manipulationen nicht zu erklären.

Das Selbstbild ist also etwas, was die anderen mir über mich vormachen: du hast so und so zu ein, ob es dir paßt oder nicht. Später mache ich mir selbst vor, so oder so zu sein, ob es mir paßt oder nicht. DENN jeder hat seine Pflicht zu erfüllen. UND man kann sich aus des Lebens Kuchen nicht nur die Rosinen suchen. UND Befehl ist Befehl, Jude ist Jude. UND da der Befehl lautet: Vernichte die Juden — was soll ich da machen? Ich selbst habe nichts gegen Juden, ich erfülle nur meine Pflicht. Seine Schuld, wenn er Jude ist. Kann ich was dafür? Ausnahmen gibt es nicht. Alle sind gleich. Wir sind gleich, sie sind gleich. Wir sind Menschen, sie sind Juden.

So wissen in unserer Gesellschaft die meisten Menschen tatsächlich nicht, wer sie sind, geschweige denn, wer sie sein könnten. Um so genauer wissen sie, wie MAN zu leben, zu wohnen, zu arbeiten, zu fühlen, zu denken, zu lieben hat oder was diese oder jene Experten über Umweltverschmutzung, Krieg und Frieden gesagt haben.

Es ist, als hätten die Menschen Angst vor sich, als schämten sie sich ihrer WIRKLICHEN Gedanken und Gefühle. Im Innersten fürchten sie, die Liebe und Achtung der anderen zu verlieren, sobald die anderen wüßten, was sie wirklich denken und fühlen.

Da nichts so sehr isoliert wie die Lüge, erfahren sie auch niemals wirkliche Anteilnahme von den anderen. UND so kommt es zu dem paradoxen Zustand in unserer Gesellschaft, daß wir Menschen mit unseren Ängsten und Sorgen nicht zu unseren Nächsten gehen, sondern zu hochbezahlten Helfern, die ES WISSEN, wie MAN eine glückliche Ehe führen, Selbstvertrauen erwerben, angstfrei werden kann usw.

Ohne uns darüber klar zu sein, bezahlen wir die Menschen auch darum so hoch, weil sie unter Schweigepflicht stehen, also verschwiegen sein müssen, weil MAN sie sonst bestrafen würde. Wir brauchen nicht vertrauen, wir können Verschwiegenheit fordern, wir haben ein Recht darauf — so gefährlich kommen wir uns vor, so fremd, so unerfahren mit uns selbst. UND

vielleicht verlangen wir sogar vom gesetzlich verpflichteten Verschwiegenen, daß er uns hilft, Vertrauen zu den Menschen zu fassen.
Es ist wirklich die Schweigepflicht, die Ärzte und Anwälte so „vertrauenswürdig" macht. UND so können wir nur ganz selten unsere tiefsten Gefühle und Gedanken Menschen anvertrauen, die nicht unter Schweigepflicht stehen. Was das bedeutet für die offene Kommunikation, ist nur dann vorstellbar, wenn wir uns fragen, warum unsere Gesellschaft diese von Berufs wegen Verschwiegenen so notwendig hat. Offensichtlich schämen wir uns so sehr unseres wirklichen Ichs, haben wir so wenig Zutrauen zu uns, daß wir uns nur sicher fühlen, wenn uns jemand zuhört, der unter Schweigepflicht steht.
UND wer nicht genau weiß, wer er selbst ist, wie soll der wissen, wer die anderen sind?
Die Meditation ist darum so hilfreich auf dem Weg zu unserem wirklichen Selbst, weil wir unserer eigenen Verschwiegenheit sogar noch sicherer sein dürfen als der bezahlten Verschwiegenheit. UND wenn ich in der Meditation auf „gefährliche" Gedanken und Gefühle stoße, brauche ich nicht fürchten, daß sie andere erfahren werden.
Später werde ich — dank der Meditation — dann stark genug sein, auch mit anderen darüber zu sprechen, weil ich genau weiß, daß ALLE MENSCHEN ähnlich wie ich fühlen und denken, ähnlich wie ich unter der Isolierung des Schweigens leiden. Wer fühlt sich nicht gleich viel besser, wenn er von einem anderen Menschen, den er für stark und sicher gehalten hat, eines Tages erfährt,

wie unsicher, wie schwach, wie verletzlich sich dieser Starke manchmal fühlt.
Wir Menschen sind uns in unseren Schwächen ähnlicher, als wir wissen. Das könnten wir wissen, wenn wir offener und ehrlicher miteinander sprächen. Zumindest würde sich das heitere Wissen schneller verbreiten, wie sehr wir Menschen doch alle „Papiertiger" sind.

Mit einem starren Selbstbild ist jede Situation eine Prüfungssituation: ich muß mein Selbst verteidigen, ich muß siegen, stark sein, sicher sein, überlegen sein. Gefühle, die mit diesem Selbstbild nicht übereinstimmen, werden als Niederlage erlebt. Das Selbstbild hat nicht gehalten werden können. Werde ich nun mein Selbstbild ändern? Aber nein — im Gegenteil: nun erst recht, nicht nur der Starke, sondern der Stärkste sein, nicht nur der Überlegene, sondern der Überlegenste sein. UND dazu muß ich nur die „demütigenden" Erfahrungen so lange drehen und wenden und schminken, bis sie wieder mein Selbstbild bestätigen. Die „Schuld" lag natürlich nicht bei mir, sondern bei den anderen. Die sattsam bekannte Legende vom Dolchstoß in den Rücken.
Mit einem offenen Selbstbild ist jede Situation eine Lernsituation. Und allmählich lerne ich, auch diese Erfahrungen zuzulassen, die mit meinem Selbstbild — das ja gar nicht meines ist! — nicht übereinstimmen. Das bedeutet: allmählich lerne ich mich kennen, kennen und schätzen, kennen und achten, kennen und lieben. Natürlich wird dieses Selbstbild, das nun wirklich mein Selbstbild ist, nicht mit meinem früheren Selbstbild

übereinstimmen. Ich werde nicht mehr so manipulierbar, brauchbar, lenkbar und bestimmbar durch Befehle sein wie früher.
Je mehr ich mich selbst kennenlerne, je mehr ich von meinem Selbst erobere — denn dieses Selbst bekomme ich nicht wie das Selbstbild von den anderen geschenkt und geliefert —, je selbstbewußter werde ich sein.
UND nur das wirkliche Selbst ist frei von allen Selbstbildern. Der Mensch, der sich selbst gefunden hat, vermeidet Selbstbilder: er will sich selbst sehen, nicht sein Bild von sich selbst. Darum: DU SOLLST DIR KEIN BILD MACHEN VON DEINEM SELBST, damit Du Du selbst werden kannst.
Solange Du Selbstbilder nötig hast, bist Du noch nicht Du selbst.
Jeder Mensch hat ein Bild von sich, doch jedes Bild schränkt unser Erleben ein.

Die Meditation vom wahren Selbst

ICH bin, der ich jetzt, in diesem Augenblick, bin. Und ich weiß, weil die Entwicklung ein Prozeß ist, bin ich mit diesem Sosein im Jetztsein auf dem richtigen Wege zu meinem wahren Selbst — und somit auch zu Dir selbst und zu allen Menschen. Von dem Tage an, da ich mich ohne Bild sehen kann, mich sehen kann, wie ich wirklich bin, genau von dem Tage an werde ich Dich ohne Bild sehen, DICH sehen, wie Du bist, frei von meinem Bild von Dir, ganz Dich selbst sehen. *M 91*

Viele Menschen wollen größer sein, als sie nun einmal von Natur aus sind. Jeder von denen weiß: er kann nicht größer werden. So will er wenigstens größer scheinen. (Von diesem Größerscheinenwollen lebt die Schuhindustrie, indem sie Schuhe mit dickeren Sohlen und höheren Absätzen herstellt. Im Grunde sind diese Schuhe nichts als Stelzen.)
Zu fragen ist: Warum wollen wir größer sein, als wir sind? Was hat uns so kaputt gemacht, daß wir uns nicht einmal darin akzeptieren können? Ein kleiner Mann, der Schuhe trägt, die ihn größer machen, wird in allem solche Schuhe tragen — in allem, was er sagt und tut. Der Meditierende geht, wo er kann, innerlich barfuß. — (Wo er es äußerlich tut, um so besser.)
Eine Änderung unseres Denkens und Fühlens, unseres Verhaltens setzt echtes inneres Wachstum voraus. Stelzen nützen nichts, weder die Stelzen der vielen großen Worte noch die Stelzen weniger guter Taten. Auf das tägliche Verhalten kommt es an. Und da werden Stelzen auf die Dauer beschwerlich. Die Stelzenträger stolpern zu viel, müssen sich zu sehr anstrengen. Und es fehlt ihnen der natürliche Gang.
Der Meditierende strebt nicht nach Stelzen, noch besseren, noch teuereren Stelzen, er strebt nicht nach Schein, sondern nach Sein. Vor allem akzeptiert er sich erst einmal so, wie er ist, und tut nicht so, als ob er größer wäre. Eines Tages wird er größer sein, weil er sich akzeptiert hat und daran gewachsen ist.
(Gerade erfahre ich von einer Ärztin, daß Kinder durch orthopädische Operationen größer gemacht werden können, bis zu sieben Zentimeter: dem Kind werden die

Oberschenkelknochen durchsägt, Schrauben eingefügt, die den Knochen auseinanderhalten, bis der Knochen den Zwischenraum ausgewachsen hat.)

Die Meditation liebender Selbstwahrnehmung

ICH liege entspannt in meinem Bett, halte die Augen geschlossen und gebe mich dem angenehmen Gefühl der Wärme unter meiner Bettdecke hin. (Pause) Ich fühle eine wohlige Entspannung, eine warme Müdigkeit. Ich gebe mich diesem wohligen Gefühl ganz hin und fühle, wie sich die Wärme und die Entspannung in meinem ganzen Körper ausbreiten. Wie warm ich bin, wie geborgen ich mich fühle unter meiner Bettdecke. (Sich Zeit lassen, um dieses Gefühl zu genießen.) Und jetzt stelle ich mir vor: ich verlasse meinen Körper. Ich verlasse meinen Körper, löse und drehe mich aus meinem Körper heraus wie aus einem enganliegenden Gummianzug, wie eine Schlange, die sich aus der alten, engen Schlangenhaut herauswindet und herausdreht. Ich schlüpfe aus meinem Körper heraus, behutsam, damit ihm nichts geschieht, behutsam, um ihm nicht wehe zu tun. (Pause) Und dann gehe ich auf Zehenspitzen ans Fußende des Bettes und schaue mich an, wie ich lächelnd und entspannt unter der Bettdecke daliege, und traurig fühle ich die Trennung. Und ich fühle mich zärtlich hingezogen zu mir wie zu einem geliebten Menschen. Leise gehe ich zum Kopfende des Bettes und berühre mit den Fingerspitzen leicht, ganz sanft zuerst meine Haare, dann meine Stirn, meinen Mund. Behutsam lege ich mich zu mir ins Bett und nehme mich in die Arme, drücke mich an mich, zuerst behutsam, dann immer fester und fester, voller Sehnsucht nach diesem meinem Körper und fühle, wie wir langsam wieder eins werden, mein Körper und ich, wie ich wieder ganz mein Körper bin und mein Körper ganz ich ist, wir beide vereinigt sind in Liebe, in tiefer Zuneigung und mit aller Zärtlichkeit füreinander. *M 92*

Der Meditierende wird nach dieser Meditation sich anders wahrnehmen als vorher, mit einem größeren Gefühl der Verbundenheit, mehr eins mit sich selbst. Er wird sich lieben als den Nächsten, der er sich selbst ist. Liebe diesen Nächsten, der Du Dir bist, dann wirst Du auch alle anderen Menschen lieben können, erst dann, nicht vorher.

Vom richtigen und vom falschen Handeln: Der Mensch, der sich noch nicht selbst gefunden hat, sich selbst noch nicht weiß, befindet sich in einem chronischen Grundkonflikt, der sich in seiner ständigen Angst und Unsicherheit zeigt: Habe ich auch das Richtige getan? Hätte ich nicht doch nachgeben sollen?
Was immer auch ein Mensch tut, der sich noch nicht selbst gefunden hat, sein Tun und auch sein Lassen werden von Angst und von dieser Unsicherheit begleitet sein. DENN sein Grundkonflikt ist es, der sich auf all sein Handeln oder Nichthandeln überträgt. UND von

dem Augenblick an, da der Mensch sich gefunden hat und sich weiß, hören alle Angst und Unsicherheit auf. Sobald ich mich fühle und weiß, in dem, was ich tue, kann ich nicht mehr unsicher sein, ob ich das Richtige getan habe. Es war heute richtig, so zu handeln. UND das schließt nicht aus, daß ich morgen anders handeln würde oder vorgestern anders gehandelt hätte. Vorgestern war vorgestern, heute ist heute, morgen wird morgen sein — nicht heute.
Viele leben so sehr für die Zukunft, für ihr Morgen, daß ihr Heute nichts als ein Abfallprodukt ist, ein notwendiges Übel. Und so bringen sie sich um das einzige, was sie haben: sie bringen sich um ihre Gegenwart, um ihr Leben. Denn das wirkliche Leben ist immer jetzt.

Das Jetzt bewußt zu einem sich selbst genügenden Zustand werden lassen. Es nie als Mittel zum Zweck leben.

Die gute oder schlechte Einstellung, die wir einem Menschen gegenüber haben, entscheidet nicht nur darüber, wie gut oder wie schlecht wir ihn verstehen, sondern auch darüber, ob er zu uns gut oder schlecht ist.
Volle Achtsamkeit heißt: ich nehme ein Ding, ein Tier oder einen Menschen wahr, ohne mit dieser Wahrnehmung eigene Interessen, eigene Wertungen und eigene Absichten zu verbinden. Diese Wahrnehmung widerspricht so sehr der „normalen", daß wir die volle Achtsamkeit in Wahrnehmungsübungen üben müssen. Denn selbst dort, wo wir meinen, zum Beispiel einen Menschen voll wahrzunehmen, nehmen wir ihn durch

das Filter unserer Vorurteile und vorgefaßten Meinungen wahr. Wir sehen nicht ihn, sondern unser Bild von ihm, das er entweder zu bestätigen oder dem er sich schleunigst anzupassen hat.
Doch ich kann einen Menschen nur verstehen, wenn ich ihn in voller Achtsamkeit wahrnehme, mich also auf ihn und nicht auf mein Bild beziehe.
Eine wichtige Übung dabei ist, daß ich bewußt keinen Menschen unterbreche und darauf achte, was er mir sagt und was seine Worte in mir bewegen.

Die geheime Sprache der Menschen: die Sprache ihrer Körper, die Sprache ihrer Kleidung, die Sprache ihrer Gardinen an den Fenstern, die Sprache ihrer massiven Zäune vor den kleinen Gärten, die Sprache der Gartenzwerge, die Sprache der Zeitungen, die sie lesen, die Sprache ihrer Häuser und Wohnungen, in denen sie wohnen, wie sie ihre Kinder erziehen.
(In Deutschland ist die meistgelesene Tageszeitung die „Bild-Zeitung" mit 11 870 000 Lesern pro Tag, die meistgelesene Illustrierte „Hör zu" mit 12 680 000 Lesern.)

Das Selbstwertgefühl vieler Menschen ist so schwach, daß sie sich selbst idealisieren und in einem wirklichkeitsfremden Ideal-ICH sich neu erfinden müssen. Ihr Selbstwertgefühl ist viel zu schwach, als daß sie sich gelegentliche Schwächen eingestehen oder Erfahrungen zugestehen könnten, die nicht mit ihrem Idealich übereinstimmen. Und je schwächer das Selbstgefühl eines Menschen ist, um so weniger wird er Fehler und Irrtümer zugestehen, um so hartnäckiger wird er Recht behalten wollen. Menschen mit starkem Selbstgefühl geben ihre Fehler bald zu.

Du kannst alles tun, solange Du nicht der hilflose Sklave Deines Tuns bist. Die innere Haltung ist entscheidend, nicht das äußere Verhalten. Wenn ich äußerlich Gutes tue in der inneren Haltung des Habenwollens, um mir dadurch Vorteile zu verschaffen, Dankbarkeit und Ansehen zu erschleichen, so ist diese gute Tat in Wirklichkeit eine schlechte Tat.

Meditationen

ICH habe ein bestimmtes Bild von mir, *und ich beobachte oft, wie dieses Bild mir diktiert, was ich zu tun habe und was nicht. Ich will versuchen, dieses Bild von mir aufzugeben, denn der, den dieses Bild zeigt, bin ich schon lange nicht mehr und — war ich vielleicht auch nie. Ich glaubte einfach, diesem Bild der anderen von mir entsprechen zu müssen. UND so wollte ich immer ein guter Student sein, ein guter Soldat, ein guter Freund, ein guter Geliebter, ein guter Bürger.* *M 93*

ICH werde mich nicht mehr verstellen, *um bei anderen einen guten Eindruck zu machen oder bestimmte, mir nützliche Reaktionen hervorzurufen, weiß ich doch dann während der ganzen Zeit, daß diese positiven Reaktionen der anderen nicht mir gelten, sondern meiner Maske, meiner Verstellung. Und genau darum können mich diese Reaktionen auch niemals wirklich voll befriedigen. Das Schlimmste daran ist, daß ich mich mit diesem Scheinleben um die Möglichkeiten meines wirklichen Lebens betrüge und um mein Glück. Denn bei diesem Verstellungsspiel verhungern oft meine wahren Bedürfnisse.* *M 94*

ICH fühle, daß ich als Ganzes geboren bin. *Und zu diesem Ganzen, das ich bin, gehören nicht nur die Erinnerungen, an die ich gerne denke, sondern auch jene, die ich am liebsten vergessen würde, die ich kaum mir, geschweige denn anderen eingestehe. Es gibt heute noch manches in meinem Leben, dessen ich mich schäme. Um ein voller, ganzer Mensch zu werden, muß ich mich auch zu diesen Erinnerungen und Gefühlen bekennen. Ich werde meine Lebenskraft nicht mehr damit vergeuden, mir etwas vorzumachen, indem ich sie weiterhin verdränge.* *M 95*

Die Meditation über das Ende der Bescheidenheit

ICH frage mich, ob ich in meinem Leben wirklich genug an mich denke. Ich werde meine Wünsche, meine Bedürfnisse mehr respektieren und sie nicht mehr unterdrücken. Meine anerzogene Bescheidenheit nützt den Unbescheidenen. Je weniger ich verlangte, desto weniger bekam ich. Ja, ich will an mich denken und nicht daran denken, was die anderen denken könnten, weil ich an mich denke. Ich werde in Zukunft berechtigte Forderungen einfordern, nicht mehr bescheiden zur Seite treten. *M 96*

Ich habe keine Angst mehr vor meiner Angst

ICH wollte früher IMMER stark, sicher, überlegen sein. Es ist anstrengend, immer stark zu sein, immer si-

cher, immer überlegen, rund um die Uhr, selbst in meinen Träumen: immer stark und sicher. Das war meine Vorstellung von mir, darin spürte ich mich am liebsten, am lebendigsten. Natürlich merkte ich, daß ich nicht immer stark, nicht immer sicher war. Doch das merkte nur ich. Vor den anderen mußte ich es ängstlich verbergen. Und selbst vor mir durfte ich ja auch nicht schwach, nicht unsicher sein, denn diese Gefühle entsprachen nicht meiner Vorstellung von mir. Ich konnte mir nicht erlauben, schwach und hilflos zu sein, bis ich eines Tages durch die Meditation fähig wurde zu begreifen, daß kein Mensch nur stark, nur sicher ist, sondern stark UND schwach, sicher UND unsicher, UND daß es wichtig ist, sich dieser Gegensätze bewußt zu sein, wichtig ist, mich auch in meiner Schwäche, in meiner Unsicherheit zu bejahen und zu akzeptieren. Heute kann ich das Gefühl der Unsicherheit zulassen, wenn ich unsicher bin. Jetzt kann ich das Gefühl der Sicherheit zulassen, weil ich sicher bin. ENDLICH kann ich frei schwingen zwischen diesen beiden Polen: Sicherheit — Unsicherheit, Stärke — Schwäche, Angst — Mut, kann frei schwingen und muß mich nicht mehr ängstlich an den einen Pol klammern, brauche mich nicht mehr verkrampfen, muß mich nicht mehr an meiner Stärke festhalten, um nicht zu fallen vor mir und den anderen. Endlich bin ich ganz ich, von Pol zu Pol ich, ich in meiner Stärke, ich in meiner Schwäche UND bin ganz in mir zu Hause, bin ganz bei mir, auch und gerade in meiner Schwäche, in meiner Hilflosigkeit, in meiner Angst. Ich habe keine Angst mehr vor meiner Angst. *M 97*

Wenn ich heute ICH sage, meine ich mich auch

ICH. (Pause) Ich ist für mich nicht mehr nur ein Wort, sondern ein Wissen, ein Schutz, eine Hilfe, eine Verantwortung. Dieses unvergleichliche Glück, wirklich ich selbst zu sein, dieses mit nichts anderem zu vergleichende Gefühl zu fühlen, mich zu fühlen, ich selbst zu sein, mich selbst zu meinen, mich selbst zu wissen und mich selbst zu bejahen, wenn ich ICH sage. Und vielleicht bin ich noch nicht einmal voll und ganz ich selbst. Doch auch auf diesem Weg, diesem Weg zu mir selbst, ist der Weg genau so wichtig wie das Ziel. Lange Zeit wollte ich von anderen wissen, wer ich bin. UND heute kommt mir das so vor, als habe ich diese lange Zeit durch fremden Mund satt werden wollen. *M 98*

Die Meditation über das Sosein, wie ich bin

ICH sage ohne Wenn und Aber, ohne Vorbehalte JA zu mir, ja zu dem, der ich jetzt bin. UND ich bewerte mich nicht, sage zu mir nicht: so solltest du sein oder so. Es ist mir vollkommen gleichgültig, wie ich sein sollte. Ich akzeptiere mich so, wie ich jetzt bin. DENN ich weiß, daß ich Entwicklung bin, Wachstum, Entfaltung, Bewegung. Und jetzt bin ich so, wie ich bin. Und gestern war ich so, wie ich gestern war. Und morgen, morgen werde ich so sein, wie ich morgen sein werde. Und ich weiß nicht, wer ich morgen sein werde. Doch ich werde mich auch morgen akzeptieren, so wie ich bin. *M 99*

Ich SELBST bin mehr als alle meine Rollen

ICH bin der Lehrer, jetzt, und ich bin nicht nur der Lehrer. Und ich bin viel mehr als der Lehrer, der ich bin. Und ich bin der, der dem Lehrer zuschaut. Und ich bin der, der dem Lehrer zuhört. Und ich bin der, der den Lehrer belehrt. Und ich bin der Zuschauer des Zuschauers des Lehrers. Und ich bin das Selbst, das allen sozialen Rollen zuschaut und allen Zuschauern dieser sozialen Rollen über die Schultern schaut beim Zuschauen. Und das Selbst hat keinen Zuschauer, es wird nicht angesehen: es sieht. Es wird nicht beobachtet: es beobachtet. Ich selbst bin mehr als alle meine Rollen. Und wenn ich alle meine Rollen zusammenzähle, so ergibt die Summe meiner Rollen noch lange nicht mein Selbst. *M 100*

ICH versuchte lange Zeit hinter einer Maske zu leben, *der Maske IMMER stark, selbstbewußt, mutig und sicher zu sein, weil ich mir nicht sicher war, Liebe, Zuwendung und Achtung auch dann zu erhalten, wenn ich meine Maske ablegte, meine Hilflosigkeit zeigte, meine Traurigkeit und Unsicherheit. Erst als mich diese Maske zu ersticken drohte, riß ich sie mir vom Gesicht und fiel Dir weinend und hilflos in die Arme. UND Du hast Dich nicht von mir abgewendet.* *M 101*

ICH bin ich. *UND weil es mich nur einmal gibt, gibt es auch keine andere Art, ich zu sein. Meine Art, ich zu sein, ist genau die Art, ich zu sein, in der ich nichts von mir unterdrücken und nicht unecht sein muß. UND Deine Art, ein Ich zu sein, ist Deine Art, in der Du ich sein mußt. Und seine Art, ein Ich zu sein, ist eben seine Art, ich zu sein.* *M 102*

ICH bin so wie ich bin. *Ich akzeptiere mich so, wie ich bin. Ich kann im Augenblick kein anderer sein. UND ich sage mir auch nicht mehr, ich sollte anders sein. Ich lasse mir auch nicht mehr von anderen sagen, ich sollte anders sein, damit sie mich akzeptieren oder lieben können. DENN ich bin ein Wachstumsprozeß, dem ich vertraue. Dieser Prozeß verändert mich, ohne daß ich meine Veränderung planen oder sie mir von anderen planen lassen müßte.* *M 103*

ICH hatte früher noch nicht einmal Anrecht auf meinen Schmerz, *auf meine Trauer, auf meine Angst. Was ich für Schmerz und Angst hielt, war Verwirrung und kam nicht aus mir, sondern von außen, aus meinem Ausgeliefertsein an die Menschen, die ich brauchte, um mich gut zu fühlen. UND ich konnte mich kein bißchen länger gut fühlen, wenn andere mir nicht sagten: „Du bist gut." Die anderen gaben mir meine Begründung für mich. Sie konnten mich mir nehmen, und sie konnten mich mir zurückgeben. Ich selbst hatte damit nichts zu tun. Ich war nur die Bilder, die andere von mir hatten. Ich erlebte mich so, wie sie mich erlebten. Ich fühlte mich nicht in mir, nicht bei mir. Ich war überhaupt nicht da für mich, immer nur für andere. In der letzten Zeit fragen mich viele Menschen: „Was ist mit Dir? Du bist so anders!", und ich antworte: „Ja, ich bin anders, anders als Deine Erwartungen, anders als Dein Bild von mir, und ich bin gerade dabei, mich zu entdecken, und fühle mich wohl dabei, ob es Dir paßt oder nicht." Und nur wenige wenden sich von mir ab. Seitdem lerne ich auch die anderen näher kennen. Wir fühlen uns jetzt echter, einander näher und sprechen miteinander voller Wärme und Nähe.* *M 104*

ICH möchte entdecken, wer ich bin, wer ich wirklich bin. *Wer bin ich? Bin ich wirklich ich? Ich weiß es nicht. Ich weiß es nicht. Und ich bin bereit, mein starres, gewohntes, anerzogenes Idealich von mir aufzugeben, denn manchmal habe ich das Gefühl, nicht wirklich zu leben, nicht wirklich ich zu sein. Dann komme ich mir vor wie ein Schauspieler meiner selbst, und mein Leben ist mir fremd. UND ich habe dann das Gefühl, mir verlorengegangen zu sein in den Erwartungen und Wünschen anderer.* *M 105*

ICH bin bereit, das Idealbild von mir aufzugeben, *um mich endlich kennenzulernen. Genauso möchte ich bereit werden, allen Menschen, denen ich begegne, direkt zu begegnen, ohne daß ich mir ein Bild von ihnen mache. Ich bin mir im klaren darüber, daß ich mehr mit meinen Bildern von den Menschen als mit den Menschen selbst verkehre.* *M 106*

ICH bin ich. Ich will nicht mehr länger sein, wie ich sein müßte, sondern endlich SEIN, wie ich bin. *M 107*

ICH bin nicht, was die anderen von mir denken. *Ich bin auch nicht, was ich selbst von mir denke. Wie ich denke, das bin ich.* *M 108*

Hinführung 5

WAHRNEHMUNG IN VOLLER ACHTSAMKEIT

Es gibt keine objektive Wirklichkeit. Auch wenn die Mehrzahl der Menschen die Wirklichkeit anders wahrnimmt als einige wenige, so ist die Wirklichkeit der Mehrzahl nicht die objektive Wirklichkeit. (Hexenverfolgungen, Judenverfolgungen, Zigeunerverfolgungen, die Wahrnehmung des Feindes als Untermenschen — alles das waren einmal Wirklichkeiten und sind mitunter noch Wirklichkeiten.)
Für das Unbewußte sind unsere Vorstellungen und Wachträume ebenso wirklich wie die Wirklichkeit selbst. Das Unbewußte unterscheidet nicht zwischen Vorstellung und Wirklichkeit. Darum reagieren wir körperlich auf negative Vorstellungen genauso wie auf negative Wirklichkeit.
Für das Unbewußte ist jede Vorstellung wahr und wirklich und hat die Tendenz, sich in die Tat umzusetzen.

Um unsere wirklichen Wünsche und Bedürfnisse kennenzulernen, müssen wir erst einmal begreifen, daß die Befriedigung vieler wichtiger Wünsche und Bedürfnisse von Kindheit an durch Ängste und Befürchtungen behindert wird — Ängste vor Strafen, Befürchtungen vor Liebesverlust, Angst, sich lächerlich zu machen, nicht ernst genommen zu werden.

Auf Deinen Körper, auf Deine Gedanken, auf Deine Gefühle hören. Denn wer überwiegend an der Zustimmung anderer orientiert ist, stellt eigene Wünsche und Bedürfnisse zurück.

Der Meditierende weiß sich, indem er aufhört, sich wissen zu wollen. Das meditative Sichselbstversenken des Meditierenden führt zur unmittelbaren Erfahrung seiner selbst. Der Meditierende muß sich nicht denken, sich nicht begreifen, sich nicht ausdenken, denn er erlebt sich, indem er mit sich eins wird. Durch dieses Einswerden mit sich selbst, versteht er sich und weiß er sich direkt, ohne den Umweg über das Denken: er weiß sich von innen, statt von außen. DENN wer nur über sich selbst nachdenkt, kann keine entscheidende Erfahrung mit sich selbst machen, weil er sich selbst zum Objekt seiner Gedanken macht, also ein Subjekt Ich ist, das über ein Objekt Ich nachdenkt. Diese dem westlichen Denken eigentümliche Trennung zwischen Objekt und Subjekt tötet jede lebendige Erfahrung mit sich selbst. DENN Objekt und Subjekt hängen nicht nur auf das Innigste zusammen: sie sind ein und derselbe Mensch, sie ereignen sich als ein und dasselbe. Und jede Trennung ist ein gewaltsamer Eingriff, der gerade das verhindert, was er erreichen will — das Geheimnis des Lebens.
UND der Meditierende weiß sich, indem er sich nicht weiß. Er weiß sich also in der Weise, wie wir vieles wissen, ohne daß wir wissen, daß wir es wissen.

Die Schwierigkeit, heute mit den Gefühlen von heute zu leben: Die Quelle aller menschlichen Handlungen sind Gefühle, DOCH, leider, in der Regel nicht Gefühle, die aus dem Hier und Jetzt entstanden sind, sondern Gefühle aus der Kindheit. UND folgerichtig erscheinen uns viele Handlungen, eigene wie fremde, unverständlich, weil mit dem Verstand nicht erklärbar. Und es ist auch schwer zu begreifen, daß äußerlich erwachsene Frauen und Männer in ihren Handlungen von kindlichen Ängsten und Wünschen geleitet, verleitet werden. Denn diese Gefühle hätten in der Kindheit befriedigt werden müssen, heute ist es meist zu spät dazu.
Sehen wir nicht, wenn wir durch die Straßen gehen, daß Erwachsene Kinder an der Hand führen! Ein so schönes, ein so normales Bild: der Erwachsene führt das Kind. Doch dieses Bild trügt und kehrt sich um, wenn wir aufrichtig unser eigenes Tun und Lassen betrachten: da ist es das kleine Kind, der kleine Junge mit seinen unbefriedigten, ungestillten Wünschen und Bedürfnissen, der mich, den erwachsenen Mann an der Hand führt. Und ich folge ihm willig.
UND es sind die unbefriedigten Gefühle und Bedürfnisse der Kindheit, die uns nicht erwachsen werden lassen. Darum ist eine wichtige Gefühls- und Wahrnehmungsübung, sich zu fragen: kommt dieses Gefühl der Angst auch wirklich aus der jetzigen Situation? Und wenn nicht: soll ich der Angst trotzdem nachgeben, obwohl doch gar kein Grund da ist, Angst zu haben?
Manchmal kann es wichtig sein, ein kindliches Bedürfnis zu stillen und so ein kindliches Gefühl zur Ruhe zu bringen und abzuschließen. Ist ein kindliches Bedürfnis

gestillt, brauche ich diese Angst oder dieses Gefühl nicht mehr haben und kann also erwachsener werden. Der reife, erwachsene Mensch erlebt die Wirklichkeit wie sie ist, und seine Gefühle kommen aus der augenblicklichen Wirklichkeit. Er braucht nicht andauernd das Kind in sich zu befriedigen, er kann sich selbst als Erwachsener verwirklichen in dieser Wirklichkeit. Solange ich ständig das Kind in mir befriedigen muß, kommen die Bedürfnisse des Erwachsenen zu kurz.

Bewußtsein ist immer das Bewußtsein von etwas. Nicht alle Menschen haben die gleiche Bewußtseinsstufe. Und so haben wir über die gleiche Welt, die gleichen Ereignisse, die gleichen Sätze verschiedene Meinungen, verschiedenes Bewußtsein.
In der Meditation erreichen wir eine Bewußtseinsstufe, die sich wesentlich vom Alltagsbewußtsein unterscheidet. Der Meditierende sieht vieles, was er schon viele Male gesehen hat, zum ersten Male wirklich, weil frei von den Sehgewohnheiten, Denkgewohnheiten, Gefühlsgewohnheiten des anerzogenen Alltagsbewußtseins.

Wenn wir uns in der Gegenwart eines anderen Menschen unbehaglich fühlen oder von ihm kritisiert werden, wehren wir diese Wahrnehmung schnell ab, indem wir sagen: „Du bist arrogant, Du bist gemein. Du bist ja verrückt." Wir sprechen also Urteile aus. Und Urteile sind keine Wahrnehmung, sondern ein Vorgang der Wertung.

Es ist immer besser, statt zu werten, unsere Gefühle wiederzugeben: „Ich fühle mich von Dir gekränkt. Ich fühle mich durch Dich entwertet. Ich fühle mich in Deiner Gegenwart unsicher, unbehaglich."

Die Grundgefühle der Kindheit: Hilflosigkeit, Schwäche, Machtlosigkeit, Ausgeliefertsein. Wir fühlen uns total abhängig von den Erwachsenen. Wir sind ohnmächtig, sind machtlos, die Welt zu verändern, unter der wir leiden. Das Leben ist gegen uns, doch wir können nicht kämpfen, denn über unsere Ohnmacht besteht kein Zweifel: alle Erwachsenen sind viel stärker, viel größer, viel mächtiger als wir. Während wir lernen, mit unserer Hilflosigkeit zu leben, verlernen wir unsere Grundbedürfnisse und unsere Wünsche.

Wenn ich mit einem anderen Menschen spreche, wird nur ein Teil (etwa fünfzig Prozent) dessen, was ich ihm sage, durch meine Worte gesagt. Der wichtigste Teil der Kommunikation findet wortlos statt: in meiner Stimme, wie ich den Partner ansehe, in meinem Gesichtsausdruck, ob ich hochmütig lächle, in der Sprache meines Körpers, ob ich die Arme verschränke, schnell weitergehen will, von einem Fuß auf den anderen trete. Und wenn die wortlose Sprache den Worten widerspricht, dann haben die liebenswürdigsten Worte keine Überzeugungskraft. Der andere spürt — meist ohne sich selbst darüber im klaren zu sein —, daß wir nicht aufrichtig sind in unseren Worten. Öfter als wir wahr-

haben wollen, widerspricht die wortlose Sprache der noch so wortreichen.
Gerade weil die wortlose Sprache nicht bewußt wahrgenommen wird, übt sie eine um so stärkere Wirkung aus.

Ich meide Gespräche über Gespräche, Gedanken über Gedanken, Bücher über Bücher, Filme über Filme. Kritiken über Bücher, Theaterstücke, Filme und Kommentare über Kommentare.

Sicheres Aufheben von Angst und Spannungszuständen: Je tiefer die körperliche Entspannung, desto weniger Angst. Angst und körperliche Entspannung schließen sich gegenseitig aus: Angstlosigkeit als Folgewirkung der körperlichen Entspannung. Bei Angstzuständen also gezielt, bewußt den Körper entspannen.
Die innere Spannung läßt sich viel leichter über die körperliche Entspannung lockern, als wenn wir die innere Entspannung anders zu erreichen suchten.
Je tiefer der Zustand der Entspannung, desto leichteren Zugang haben wir zu unseren verdrängten, verleugneten Gefühlen. Je weniger wir entspannt sind, desto größer und wirkungsvoller die Sperren. Der Zustand der tiefen Entspannung ist also der Königsweg zu unseren abgespaltenen, verleugneten Gefühlen. Die Tiefenentspannung ist die Voraussetzung für den Zugang zu den Gefühlen und Gedanken von Dir, die Du am wenigsten kennst.

Ich fühle mich gut. Ich fühle mich schlecht. Wer sich gut oder schlecht fühlt, fühlt sich nicht nur seelisch, sondern auch körperlich gut oder schlecht. So sind unsere Muskeln entspannt, wenn wir uns gut fühlen, oder verkrampft, wenn wir uns schlecht fühlen.

Meine größten Fehler haben die anderen: Die Vertiefung unserer Wahrnehmungsfähigkeit läßt uns auch von uns selber viel mehr wahrnehmen als früher und — mehr als uns angenehm ist, mitunter. Allmählich geübt in der vollen Wahrnehmung, können wir natürlich nicht weiterhin vor uns selbst die Augen verschließen. Wir sehen nicht nur unsere positiven Eigenschaften, sondern auch unsere negativen Eigenschaften klarer, deutlicher, Eigenschaften also, die wir bisher ohne viel Mühe übersehen konnten im Dämmerlicht unserer Alltagswahrnehmung.
UND wir sollten keinesfalls versuchen, in gewohnter Weise, nach dem alten Bewertungssystem unsere Eigenschaften in positive und negative Eigenschaften einzuteilen. DENN im Grunde gibt es weder positive noch negative Eigenschaften, sondern positiv und negativ ist nur in Beziehung auf unsere Persönlichkeitsentfaltung zu sehen. ALLE Eigenschaften, die wir wahrnehmen an uns, müssen wir erst einmal als unsere Eigenschaften erkennen und anerkennen, ehe wir daran gehen, uns Gedanken darüber zu machen, woher wir sie haben, wer uns die Suppe dieser Eigenschaften eingebrockt hat.

Bei der Geburt sind wir Wesen ohne Eigenschaften. Und erst im Laufe unserer Erziehung werden wir zu Wesen mit Eigenschaften. Wäre ich zum Beispiel in China zur Welt gekommen oder bei den Buschnegern in Australien, so wäre ich heute ein Mensch mit ganz anderen Eigenschaften. UND irgendwie fühle ich mich um meine chinesischen und australischen Eigenschaften zu kurz gekommen. (Welch ein Chinese wäre ich geworden!)

Ein Großteil unserer Fehlhaltungen kommt uns allein darum natürlich vor, weil wir den größten Teil unseres Lebens mit ihnen leben. UND wir nehmen die Verzerrung der Welt nicht mehr wahr, weil diese verzerrte Wahrnehmung die einzige ist, die wir kennen: sie ist uns durch lange Gewohnheit natürlich geworden. UND wir ahnen nicht einmal, wie die Welt sein könnte, wenn wir unsere Fehlhaltungen abbauten — abbauten wie eine Mauer, die wir um uns errichtet haben. So bekommen Menschen mit langen körperlichen Fehlhaltungen starke körperliche Beschwerden, wenn sie richtig gehen und stehen lernen.
Volle Selbsterkenntnis ist in der Regel darum zuerst so schmerzhaft, weil wir nun zum ersten Mal die Eigenschaften, Gefühle und Gedanken an uns wahrnehmen, die wir ja gerade, bis zu diesem Augenblick, verdrängt und verleugnet hatten. Erschrocken sehen wir, daß wir ja auch hilflos, unsicher, ängstlich und verletzbar sind. Natürlich entsprechen diese Eigenschaften nicht dem Idealgemälde, das wir überall von uns ausgestellt ha-

ben. Doch gerade von diesem Selbstideal müssen wir uns trennen, um endlich fähig zu werden, wir selbst zu sein.

Wer sich selbst sein lassen kann, wie er ist, nur der wird auch andere sein lassen können, wie sie sind. UND in dem Maße, in dem ich lerne, Geduld mit mir zu haben, werde ich lernen, Geduld mit anderen zu haben.

Auch unsere Gefühle wie Ekel, Angst, Unlust haben wir gelernt. Die Gesellschaft kontrolliert unser Verhalten durch diese erlernten negativen Gefühle. Und jemand, der viel Angst hat vor Kritik, wird aus Angst, etwas falsch zu machen, lieber nichts machen.

Zufrieden und glücklich können wir nur dann sein, wenn wir uns bejahen, wenn wir uns voll mit dem, was wir tun und erleben, identifizieren können.

Meditationen

Die Meditation über die Abhängigkeit

ICH war als Kind hilflos, schwach und abhängig. Ich bin jetzt erwachsen, kein Kind mehr, nicht mehr hilflos, nicht mehr abhängig. Ich habe das Gefühl, daß mein Unbewußtes das noch nicht begriffen hat, denn ich tue immer noch vieles nur, um die Zuneigung anderer nicht zu verlieren, auch wenn ich nicht von ihnen abhängig bin. *M 109*

Die Meditation über das Staunen

ICH staune wieder. Während vieler Jahre hatte ich die Fähigkeit des Staunens verloren. Als Kinder waren wir alle fähig zu staunen. (Diese großen, staunenden Kinderaugen.) Bis ich zu meditieren begann, dachte ich, staunen dürfte ich nur noch über die sieben Weltwunder oder die „besonderen Sehenswürdigkeiten" in den Reiseführern. Jetzt kann ich wieder Staunen über das Rauschen des Windes in den Bäumen, über eine Blume am Wegesrand, über die Versunkenheit der Kinder beim Spielen, über das vom Leben gezeichnete Gesicht eines Menschen, staunen über eine nachtleere Straße, über den Marienkäfer auf meiner Hand, staunen über die demutsvolle Bescheidenheit der Armen und über die freche Selbstgerechtigkeit der Reichen, staunen über das Zutrauen einer Katze, über Dein Lächeln, über die Wassertropfen auf den Gräsern nach dem Regen. UND nichts in der Welt, was nicht staunenswert wäre. DENN am Anfang des wirklichen Erkennens steht das Staunen. *M 110*

Die Meditation von der Rose

ICH erfahre die vollkommene Wahrnehmung einer Rose, indem ich sie so lange ansehe, bis ich sie nicht mehr sehe, weil ich nicht mehr weiß, ob es die Rose ist, die mich ansieht, oder ich es bin, der die Rose ansieht. Ich fühle mich eins mit der Rose, denn sie ist wie ich ein Teil dieser Welt. Die Rose und ich sind eins. Die Rose ist ich, ich bin die Rose. UND wir beide sind. Wir beide sind im Sein, das keine Unterschiede kennt zwischen uns. *M 111*

Die Meditation über das, was wirklich ist

ICH werde bewußter meine Umwelt und die Menschen wahrnehmen, denen ich begegne, werde aufmerksamer darauf hören, was sie mir sagen und was sie mir sagen wollten, und werde darauf achten, was im anderen vorgeht und was in mir vorgeht, während ich ihm zuhöre oder mit ihm spreche. So werde ich ein immer stärkeres Gefühl bekommen für das Hier-und-Jetzt, für das, was ist, ohne mir andauernd vorzustellen, wie etwas sein sollte oder sein müßte. *M 112*

Die Meditation über die Wahrnehmung der Wirklichkeit

ICH lebte rund dreißig Jahre lang ohne volle Achtsamkeit in dieser Welt. UND wie wenig ich von der Welt wußte, in der ich lebte, wurde mir klar, als ich bei Beginn meiner ersten Meditationen versuchte, mir meine nächste Umgebung klar vorzustellen. Da bin ich nun durch diese zwei Straßen so oft gegangen und habe doch nicht sagen können, ob die Bäume am Straßenrand Linden, Buchen oder Eichen wären. UND nicht anders mit den Menschen, denen ich so oft begegnete: was wußte ich von ihnen? Was sagten mir ihre Gesichter? NICHTS hatte ich von ihnen wahr-genommen. UND nicht anders mit der Stadt, in der ich lebe: wie alt ist sie? Wie ist sie gewachsen? Welche Bedeutung hat sie und hatte sie? UND nicht anders mit den Nachrichten, die ich täglich hörte: stimmen sie mit dem überein, was ich erlebe und erfahre? Meinen sie überhaupt mich? Von wem sprechen sie eigentlich? UND nicht anders mit den politischen Parteien: welche von ihnen meint mich in ihren Parteiprogrammen? UND wie oft bin ich betrogen worden von den Versprechungen der Partei, die ich gewählt habe — ohne es wahrzunehmen?

Dreißig Jahre lang hatte ich also nur einen Bruchteil der Welt wahrgenommen, in der ich lebte, und hielt diesen winzigen Bruchteil der Wirklichkeit für die Wirklichkeit. *M 113*

Die Meditation über einen Stein

ICH sehe einen Stein an, einen kleinen Stein, den ich am Weg gefunden habe. UND je länger ich diesen Stein ansehe, desto einzigartiger wird er, desto mehr unterscheidet er sich von allen anderen Steinen. Ich fühle seine Vollkommenheit. Und wie erfüllt er ist von der Zeit, gegen die meine Lebenszeit nur Sekunden sind. Je länger ich ihn anschaue, desto genauer wird mein Wissen über mich und diesen Stein. *M 114*

ICH fühle endlich die Sicherheit, die auch die Unsicherheit mit einschließt. *Ich fühle die Freude, die auch die Traurigkeit mit einschließt. Ich fühle die Stärke, die auch die Schwäche zuläßt. Ich fühle mich als Zentrum der Welt und auch als einer der vielen Milliarden Menschen. Und ich fühle das Leben, das auch den Tod mit einschließt.* *M 115*

ICH werde nicht mehr darüber nachdenken, was wohl A oder B oder C von mir denken, *wie wohl A oder B oder C mich sehen könnten, sondern ich werde versuchen, A oder B oder C zu werden und sie dann zu verstehen suchen. Ich werde es mir zur Gewohnheit machen, meine Umgebung oder das, was ich tue, hin und wieder von einem anderen Standpunkt aus anzusehen.*

M 116

ICH frage mich jetzt immer: kommen die Unruhe, die Sorge, die Angst, die ich jetzt fühle, jetzt, wirklich aus dem Jetzt *oder aus dem Vorausdenken? DENN in Wahrheit und Wirklichkeit existiert NICHTS außer dem JETZT. Die Heimat des wahren Glücks ist die Gegenwart, das Jetzt. Alle Spannungen, alle Ängste haben ihren Grund darin, daß wir die Gegenwart verlassen.* *M 117*

ICH lasse auch die Gedanken und die Gefühle zu, die mir Angst machen, die mich kränken und schwach machen und beunruhigen. *In dem Maße, in dem ich sie zulassen kann, werde ich die Kraft und den Mut finden, darauf hören zu können, was sie mir sagen wollen und was von mir sie ausdrücken. Fühlen die unterdrückten Gedanken und Gefühle sich von mir akzeptiert, brauchen sie nicht mehr in Form von Ängsten und Spannungen auftreten und sind nicht mehr meine Feinde, sondern meine Freunde. Und ich muß nicht mehr gegen sie leben, ich kann mit ihnen leben.* *M 118*

Bleib nicht stehen, wo viele stehenbleiben. *Geh nicht die Wege, die viele gehen, such nicht die Orte, die alle suchen — jedenfalls dann nicht, wenn Du sehen willst, was wenige sehen, erleben willst, was wenige erleben.*
M 119

ICH kann mich nur ändern, wenn ich herausbekomme, wer ich jetzt bin. *Wer bin ich jetzt? Um das zu entdecken, werde ich in Zukunft mehr achtgeben auf meinen Körper und bewußter meine körperlichen Gefühle wahrnehmen. UND je mehr ich über meinen Körper erfahre, desto mehr erfahre ich über mich. Denn ich habe nicht einen Körper: ich bin mein Körper. Und mein Körper ist ich. Und je mehr ich über mich selbst erfahre, desto besser werde ich andere Menschen erfahren und verstehen.*
Ich möchte in Zukunft nur noch Entscheidungen treffen, die meinen wirklichen Wünschen und Bedürfnissen entsprechen. *M 120*

ICH werde meine Ängste und Spannungen nicht mehr verleugnen oder verstecken. *DENN ich habe die Erfahrung gemacht: je mehr ich eine Angst leugne, desto größer wird sie. Eine Angst, die ich nicht wahrnehmen, nicht wahrhaben will, diese Angst hat mich, weil ich mich, da ich sie verleugne, nicht mit ihr auseinandersetzen kann, nicht mir ihr leben kann. Und wie lange habe ich schon begriffen, ohne es mir einzugestehen, daß ich lernen muß, mit meiner Angst zu leben, um voll zu leben.* *M 121*

ICH kann darum meinem Körper mehr vertrauen als meinem Verstand, *weil mein Körper mir näher ist und nicht so dressierbar wie mein Verstand. Im Laufe meines Lebens mußte ich so vieles einsehen lernen, was ich zunächst nicht einsehen konnte oder wollte. Traurig ist, daß ich es dann doch einsah, denn diese Einsichten entfremdeten mich mir. Von meinem Körper brauche ich kaum befürchten, daß er mich so verleugnen wird wie mein Verstand. Ich bewundere meinen Körper, weil er mich zwang, so vieles zu tun, dessen ich mich schämte: im anregendsten Gespräch mußte ich auf den Abort, mußte schlafen, essen, trinken, schwitzen, niesen, Blähungen herauslassen. UND selbst dann, als ich ihn, dieses schweißnasse, riechende Etwas, verachtete und als mir unangenehm und fremd empfand, bestand er doch darauf, er selbst zu sein. Ich kann von seiner beharrlichen, selbstsicheren „Selbstentfaltung" viel, viel lernen.* *M 122*

ICH habe nicht einen Körper, ich selber bin mein Körper. *Ich habe nicht traurige Gedanken, ich selber bin meine Trauer. Ich habe nicht das Gefühl, glücklich zu sein, ich selber bin mein Glück. Ich habe nicht Probleme, ich selber bin meine Probleme. Ich habe nicht eine Heimat, ich selber bin meine Heimat. Ich habe nicht die Hölle zu fürchten, ich selber bin die Hölle, die ich zu fürchten habe.* *M 123*

Die Meditation über den Umgang mit unerklärlichen Ängsten und Spannungen.

ICH werde mich in Zukunft Menschen gegenüber so verhalten, so einbringen, wie ich bin. Ich werde bewußt Erwartungen nicht erfüllen, Angebote zum gefälligen Anderssein ablehnen, um ganz und gar der zu sein, der ich bin. Was heißt das für mich? Ich werde Gefühle von Unlust, von Angst auch dann zulassen, wenn ich sie mir aus der Situation eigentlich nicht erklären kann. Ich werde auch nicht mehr Gefühle der Unsicherheit unterdrücken, weil sie ja nicht mit dem Idealmenschen übereinstimmen, der ich vor mir und anderen zu sein wünsche. *M 124*

Die Urlaubsmeditation

ICH bin im Urlaub. (Pause) Früher fuhr ich vor allem in den Urlaub, um mich zu erholen, aufzutanken, Kräfte zu sammeln, Menschen kennenzulernen. Ich war ständig damit beschäftigt, mein Urlaubssoll zu erreichen. Und immer fehlte mir etwas. Am Ende hatte ich mich weniger erholt, als ich wollte, kaum interessante Menschen kennengelernt und fuhr regelmäßig mit einem Gefühl der Enttäuschung zurück. JETZT will ich kein Soll mehr erfüllen, schon das ist eine Erholung. Ich erfülle kein Soll mehr, ich bin, wie ich bin, und nehme jeden Tag, wie er kommt, und jeden Menschen, wie er ist. Ich bin im Urlaub, endlich habe ich keinen Urlaub mehr. Jetzt zum Beispiel liege ich in einer Düne am

Meer, streichle mit meinen Händen den warmen Sand, fühle, wie mein Körper sich dehnt und weitet im weichen Sand, der wie ein riesiges Bett ist. Und zufrieden beobachte ich, wie weiße Wolken gleich Schiffen im Blau des Himmels segeln. UND ich bin satt, wohlig satt von Sonne, Wärme, Meeresrauschen, und ich will jetzt nichts als hier sein, hier bleiben, ohne an morgen zu denken. UND ich bin glücklich wie in der Kindheit, eigentlich glücklicher, weil ich jetzt weiß, daß ich glücklich bin. Und ich sage mir: „Siehst du, das hast du immer habsüchtig gesucht und nicht gefunden. Und jetzt, wo du aufgehört hast, krampfhaft zu suchen, ob es nicht doch noch einen besseren Strand, einen schöneren Ort gäbe, jetzt liegst du am besten Strand, am schönsten Ort. Und es stört dich gar nicht, daß dieser Ort und dieser Strand anscheinend nicht für viele Menschen der beste Strand und der beste Ort sind." Vorhin hörte ich sogar jemanden über die vielen Steine schimpfen, doch ich finde die Steine schön. Jeder Stein ist anders in seiner Gestalt. Und abends sind sie noch warm von der Sonne des Tages. Und der Schimpfer erinnert mich an den, der ich früher war, an den Zustand der Unzufriedenheit, in der ich früher lebte. DENN früher war stets irgend etwas nicht so, wie es sein sollte. Und heute: alles ist, wie es sein sollte, weil ich es sein lasse, wie es ist.

M 125

Die Meditation über die Einheit von Weg und Ziel

ICH werde in Zukunft den Weg genauso wichtig nehmen wie das Ziel. So werde ich in jedem Augenblick auf dem Wege UND am Ziel sein, am Ziel UND auf dem Wege sein. Ziel und Weg sind mir ein und dasselbe. Früher waren mir nur die Ziele wichtig, und ich sah die Wege nur als Mittel zum Zweck, Ziele zu erreichen. (Ist es noch weit? Wieviel Kilometer noch? Wie lange noch, bis wir da sind? Schaffen wir es noch bis . . . usw.) Und so war ich blind für die Schönheiten des Weges, blind durch die Scheuklappen meiner zielsüchtigen Augen.
M 126

Du hast keinen Körper — Du bist Dein Körper.
Du hast keine Angst — Du bist Deine Angst.
Du hast keine Freude — Du bist Deine Freude.
Du hast kein Leben — Du bist Dein Leben.
: Gegenwart, Zukunft, Vergangenheit. *M 127*

Nie wieder wird es jetzt sein. *Nie wieder wird heute sein. Und nie, nie wieder werden wir so beieinander sein wie heute, wie jetzt.* *M 128*

Die Zeit des Lebens ist jetzt, *jetzt. Der Ort des Lebens ist hier, hier. Der Sinn des Lebens ist: jetzt hier zu sein, jetzt hier zu sein. Der Sinn des Daseins ist: jetzt, hier — ganz da zu sein, jetzt, hier — ganz da zu sein.* *M 129*

Die alte chinesische Literatur kennt nicht eine einzige Tragödie in unserem oder im griechischen Sinne. Bei den alten Chinesen kam die Tragödie immer hinterher, kam in einem dunklen, schweren Strom von Erinnerungen, Sehnsüchten und verpaßten Möglichkeiten: hätte ich doch damals, wenn — dann, was wäre, wenn ich dir damals begegnet wäre. Alle chinesischen Tragödien sind Tragödien der fruchtlosen Reue. *M 130*

Versuche eins zu werden, mit dem, was Du siehst. Lerne Dich verlieren im Geschauten, denn nur so sind der Erkennende und das Erkannte eins. *M 131*

Kunst ist für mich kein Eigenschaftswort für Dinge, *die in Museen und Galerien stehen. Kunst ist für mich eine vierte Dimension des Lebens, eine neue Qualität des Sehens. Wer wirklich sehen kann, der wird in vielen Gegenständen und Ereignissen des Alltags diese vierte Dimension entdecken, welche die Leute, die nicht sehen können, in den Museen suchen und wenn sie Bilder „erfolgreicher" Künstler kaufen.* *M 132*

Sag leise: Glück. — Woran denkst Du, wenn Du Glück sagst? M 133

Bist Du Dir wirklich nahe und in Fühlung mit Deinen Bedürfnissen, Deinen Wünschen, mit Dir selbst? Oder hast Du das Gefühl, ein Leben außerhalb Deiner wesentlichen Bedürfnisse zu führen? Hast Du das Gefühl nur manchmal oder sehr oft? M 134

ICH wollte, daß alle Menschen solche Erinnerungen wie ich besäßen. *Was auch kommen mag, so kann ich mich doch immer noch an Stunden wie diese jetzt erinnern. Und vielleicht werde ich einmal mein Leben aus diesen Erinnerungen bestreiten müssen. Und ich werde dann im Bett liegen und mir gespannt und froh den Film meines Lebens ansehen. Je älter ich werde, je bewußter lebe ich darauf hin, daß aus allem, was ist, Erinnerung wird.* M 135

Gehen, stehen, sehen, nach innen gehen. Weitergehen, stehen, sehen, wieder nach innen gehen. Gehen, stehen, sehen, nach innen gehen. Undsoweiter. M 136

Alles wird desto interessanter, je länger und je genauer wir es betrachten, ALLES. *M 137*

ICH werde in Zukunft bewußter und viel genauer beobachten, was ich in den einzelnen Situationen wirklich fühle, wirklich denke, wirklich möchte. *M 138*

ICH werde mich auch meinen geheimsten Gedanken, Gefühlen und Wünschen öffnen und mich nicht mehr hinter dem Wall von Verdrängungen verstecken. *M 139*

ICH werde in Zukunft mehr von innen als von außen her Orientierung suchen. *UND ich werde mich mit meinen eigenen Augen betrachten UND nicht mit den Augen der anderen. UND wenn ich nach außen schaue, werde ich beobachten, statt mich beobachtet zu fühlen.*
M 140

ICH werde in Zukunft in enger Fühlung bleiben mit meinen eigenen Gedanken und Gefühlen — wie peinlich und unangenehm sie mir auch sein mögen. *M 141*

Die Tage lehren Dich manches, *was Du von den Stunden nicht lernen kannst. Und die Jahre lehren Dich, was Du von den Wochen nicht lernen kannst. Und auch die Sekunden und die Minuten haben ihre Lehren für Dich und lehren Dich manches, was Du nicht lernen kannst von den Jahren.* *M 142*

ICH weiß, besäße ich einen größeren Bewußtseinshorizont, *dann hätten für mich alle Ereignisse meines Lebens eine völlig andere Bedeutung, weil einen viel größeren Deutungsrahmen.* *M 143*

Die Meditation des inneren Friedens

ICH fühle mich jetzt im tiefen Frieden mit mir und der Welt. Ich fühle mich eins mit diesem Frieden in mir. Ich fühle mich getragen und gestärkt von meiner warmen Freude über diesen Frieden. Ich fühle, wie dieser Friede und diese Freude in mir wachsen und ich mit ihnen wachse, ruhig werde, einer von denen werde, die Frieden bringen und Freude. *M 144*

Wirklich Neues entdecke ich nur auf alten, jahrelang bekannten Wegen. *M 145*

Denn wer einer kleinen Blume am Wegesrand nicht ihr Wunder und ihre Größe anzusehen versteht, der hat auch an Tempeln und Gebirgen nicht das gesehen, was groß und wunderbar ist an ihnen. M 146

Die Lehre ist die:
was jetzt ist,
war noch nie.
Und was war,
ist für immer gewesen.
Und was noch sein wird?
Niemand kann die Zukunft lesen. M 147

Meditative Wahrnehmungsübungen

Formen der Wahrnehmung: 1. ich-bezogene Wahrnehmung, 2. interessengebundene Wahrnehmung. Diese beiden Formen sind die Grundformen der Blindheit und die Regel im Umgang zwischen Menschen. 3. die von Interessen losgelöste Wahrnehmung, 4. die volle Wahrnehmung, 5. die hingebungsvolle Wahrnehmung. Die letzten drei sind Formen des Sehens und Erkennens, die wir wie folgt üben können:

In einem großen Geschäft in der Nähe der Kasse stehen und zusehen, wie Menschen zahlen, ihre Gesichter, ihre Hände betrachten. *MWÜ 1*

Mit voller Achtsamkeit einen Apfel essen und sich all den unbeschreiblichen Geschmacksempfindungen überlassen. *MWÜ 2*

Fünf Minuten eine Blume ansehen oder einen Stein oder ein Gesicht und sich dabei seinen Gefühlen und Gedanken überlassen. *MWÜ 3*

Langsam barfuß einen nassen Wiesenweg gehen oder über einen sonnenwarmen Sandstrand oder über kalten Zementfußboden. *MWÜ 4*

Sich in den warmen Sonnenregen stellen und bis auf die Haut naß werden. *MWÜ 5*

Sehen, wie Menschen in den Museen Bilder ansehen. *MWÜ 6*

Betrachten, wie Menschen Menschen betrachten. *MWÜ 7*

Tief den Geruch der Erde einatmen, des Meeres, einer Sommerwiese im Juni. *MWÜ 8*

Wolken, Steine, Flecken auf Mauern so lange ansehen, bis sie Gesichter, Inseln, Fische werden. *MWÜ 9*

Bewußt langsam gehen, Schritt für Schritt. Ihnen die gewohnten Dinge ansehen, von allen Seiten, bis Sie sie neu sehen. *MWÜ 10*

Die neue Welt der Farben und Körper, die sich unter einem starken Vergrößerungsglas erschließt. *MWÜ 11*

Einen Stein mit beiden Händen umfassen, der lange in der Sonne lag, und dabei die Augen schließen. MWÜ 12

Das Gewohnte bewußt aus einem ungewohnten Blickwinkel anschauen, *so als wären Sie ein Tourist, wären aus Amerika in Ihre Stadt geflogen, um sich die Sehenswürdigkeiten anzuschauen. Sie werden aus dem Staunen nicht herauskommen, was Sie alles nicht wußten von der gewohnten Umgebung, was Sie alles noch nie gesehen haben oder schon nicht mehr sehen, weil Sie so lange hier wohnen. Spielen Sie für Ihren Partner den Fremdenführer. Erklären Sie ihm die Wunder, die Sehenswürdigkeiten und Schönheiten des Ortes, in dem Sie wohnen. MWÜ 13*

Auch den Partner hin und wieder aus einem ungewohnten Blickwinkel anschauen, *so als würden Sie sich lange Zeit trennen oder als hätten Sie sich nach langer Trennung wiedergesehen. Wieder ergriffen sein von der Schönheit seines Gesichtes, die Sie einmal so tief anrührte, Ihr ganzes Leben veränderte, ein Wunder war. Auch an Wunder gewöhnen wir uns, wenn wir nicht aufpassen. MWÜ 14*

Bewußt manchmal etwas Ungewohntes tun. *Wenigstens alle vier Wochen etwas Ungewohntes tun: einen Tag lang schweigen oder nichts essen, einen Tag lang nur singen und auch die alltäglichsten Sätze singen wie in der Oper, einen Tag lang sich einbilden, Sie wären Caesar oder Napoleon oder Goethe, oder einen Tag mit den Briefen Hölderlins beginnen und enden oder den Briefen van Goghs oder einen Tag lang die Welt zu sehen versuchen, wie van Gogh sie sah.* *MWÜ 15*

Legen Sie sich entspannt hin, *die Arme gestreckt oder leicht angewinkelt, ganz wie es Ihnen am bequemsten ist, und die Handflächen nach oben, die Hände geöffnet — keinesfalls zur Faust geballt! —, so als wollten Sie etwas empfangen, als würden Sie darauf warten, daß Ihnen jemand seine Hände in Ihre Hände legte. Warten Sie, bis Sie fühlen, daß Ihr Körper sich wirklich entspannt hat und Ihre Gedanken Ruhe gefunden haben, bis eine wohlige Entspannung und eine tiefe Ruhe Sie ausfüllen. Und verdrängen Sie die Gedanken und die Gefühle und Bilder nicht, die dann erscheinen. Nehmen Sie sie in diesem Zustand der tiefen Entspannung und Ruhe wahr, nehmen Sie sie ernst, nehmen Sie sie an und versuchen Sie herauszufinden, was sie Ihnen sagen wollen.* *MWÜ 16*

Bewußt aus einer angenehmen oder unangenehmen Situation innerlich heraustreten und sich fragen: *1. Was fühle ich jetzt, in diesem Augenblick? Und dieses Gefühl so genau wie möglich benennen. So genügt es nicht, festzustellen: „ich bin ärgerlich", wenn die Art meines Ärgers durch eine Verletzung, eine Kränkung hervorgerufen worden ist. Dann ist es besser festzustellen: „ich bin gekränkt." 2. Wie will ich mit diesem jetzigen Gefühl umgehen? Die beste Art, damit umzugehen, wird die nichtbewertende Feststellung sein: „ich fühle mich gekränkt, ich bin traurig, weil du mir nicht geantwortet hast, weil du andauernd auf die Uhr siehst, weil du mir den Eindruck machst, mit deinen Gedanken andauernd woanders zu sein. Ist mein Eindruck richtig?" — Häufiger als uns lieb ist, fühlen wir uns jedoch traurig während eines Gesprächs, ohne genau einen Grund angeben zu können. In dem Falle sollten wir auch sagen: „ich weiß nicht, woran es liegt, doch ich fühle mich ganz elend jetzt. Ich könnte weinen, so traurig bin ich." DENN die Erfahrung zeigt, daß wir in schwierigen Situationen viel zu schnell mit Gründen zur Hand sind, weil wir das Gefühl nicht ertragen können, „grundlos" ärgerlich, traurig, froh zu sein. Wo wir keine Gründe erkennen können, erfinden wir welche. So kann es vorkommen, daß wir ein echtes Gefühl auf falsche Gründe zurückführen und wir so zu keiner echten, deutlichen Gefühlserfahrung kommen.* *MWÜ 17*

Die MWÜ über das Fehlen des Wahrgenommenen

Die volle Wahrnehmung der Stille durch die Stille, wie die volle Wahrnehmung der Stille durch das Fehlen der Stille. Und auch die volle Wahrnehmung der Liebe durch die Liebe, wie die volle Wahrnehmung der Liebe durch das Fehlen der Liebe. *MWÜ 18*

Die MWÜ über das, was in mir geschieht

ICH werde in Zukunft alle meine Gedanken und Gefühle wahrnehmen, so wie sie kommen und gehen, ohne sie zu bewerten: „jetzt fühle ich mich ärgerlich; jetzt habe ich ein schlechtes Gewissen; jetzt weiß ich nicht genau, was ich tun soll; jetzt möchte ich, daß ein anderer mir sagt, was ich tun soll; jetzt bin ich froh; jetzt bin ich zufrieden mit mir; jetzt bin ich zufrieden mit Dir; jetzt bin ich unzufrieden mit mir; jetzt möchte ich Dir meine Beobachtungen mitteilen und trau' mich nicht; jetzt sage ich Dir etwas anderes, als ich denke; jetzt hat mich Deine Frage: ‚Was denkst du?' gestört; jetzt bekomme ich Schuldgefühle; jetzt möchte ich Dich küssen; jetzt küsse ich Dich; jetzt lassen die Schuldgefühle nach" undimmerimmersoweiter. *MWÜ 19*

Wenn wir die Worte MAN, ABER, ENTWEDER — ODER aus unserem Wortschatz streichen, *werden wir ein großes Stück von uns selbst zurückgewinnen. Vor allem auf das Wort MAN achten und ABER. Statt ABER bewußt das Wort UND setzen. Aber-Sätze in Und-Sätze verwandeln. Das Ablehnende, Zurückweisende, Rückversichernde, Unklarheit Schaffende im Wort ABER meditieren, bis der Gebrauch des Wortes UND anstatt ABER in Fleisch und Blut übergegangen ist. Alle Menschen, die uns begegnen, in Und- und Aber-Menschen einteilen.* *MWÜ 20*

ICH liege auf dem Rücken auf einer Sommerwiese, *Bienen summen. Ich sehe den weiten Himmel über mir. Die ziehenden, weißen Wolken formen Gesichter, Landschaften, Tiere. Wie kommt es, daß ich früher den Himmel selten so gesehen habe — eigentlich nur als Kind?* *MWÜ 21*

ICH sehe die Sonne untergehen. *Ich sehe erstaunt, wie weiß sie ist. Ich sehe, wie die Wiese goldgrün wird in diesem Spätabendlicht. Ich höre immer weniger Vögel singen. Ich fühle, wie mir kühl wird. Ich sehe die Sonne an und fühle mich ergriffen. Ich sehe kleine, weiße Wolken am Himmel. Ich bleibe barfuß auf einem Stein stehen und fühle, wie seine Wärme in mir hochsteigt. Ich fühle, wie die Erde schon kühl ist.* *MWÜ 22*

Wahrnehmungsübung auf einem Bahnsteig

Die Verwandlung der Gesichter der Menschen, wenn die Züge einfahren, wenn sie ausfahren. Das Gesicht eines Kindes oder das Gesicht einer alten Frau oder das Gesicht einer Liebenden, ihre Verwandlungen durch Freude, Wiedersehensfreude, Trauer, Abschiedstrauer. *MWÜ 23*

Wahrnehmungsübungen mit der Sonne

Ihre Augen schließen und Ihre Hände in die Sonne halten. Ihre Hände auf das sonnenheiße Geländer einer Brücke legen, auf eine sonnenwarme Mauer, auf die warme Erde. Das Spiel der Sonne in den Bäumen. Die goldenen Sonnenflecken auf den Waldwegen ...

MWÜ 24

Bewußt große Schauspieler beobachten, *um herauszufinden, welche Gedanken und Gefühle sie äußern, erstens in ihren Worten, zweitens in ihrer Körpersprache — was sie dabei mit den Händen machen, den Augen, den Füßen, wie ihre Stimme klingt. Später so Mitmenschen ansehen, damit Sie verstehen lernen, was Menschen Ihnen wirklich sagen wollen, was sie wirklich fühlen, wirklich denken, auch wenn sie es selbst nicht wissen oder es Ihnen zu verheimlichen suchen.*

MWÜ 25

Achten Sie darauf, wie die Natur und die Menschen sich ändern, wenn Sie sich einer großen Stadt nähern. *Wie der Natur und dem Menschen alle Lebensbedingungen genommen werden, je näher Sie der Stadt kommen. Die wenigen Bäume in den Städten. Die vogelleeren Stadtgärten. Warum, wofür werden der Natur und dem Menschen alle Lebensbedingungen genommen? Bäume und Wiesen bringen zu wenig Profit. Naturopfer, Menschenopfer, Menschenopfer für den Profit.*

MWÜ 26

Bei Begegnungen mit Menschen diese so wahrnehmen, *als müßten Sie sie nachher genau beschreiben: Augenfarbe, Haarfarbe, Hautfarbe, Hände, Stimme, Kleidung, Körperhaltung, Redewendungen und Lieblingsworte, Atem, Lidschlag, Händedruck. Waren Hände feucht oder warm? UND gleichzeitig darauf achten, was mit Ihnen selbst vorgeht — Atem, Hände, Körperhaltung, Stimme. Also: die Umwelt, Ihr Gegenüber und sich selbst genauer wahrnehmen lernen.* *MWÜ 27*

Während Sie sprechen, darauf hören, was Ihre Stimme sagt, *ob sie dasselbe sagt wie Ihre Worte. Sehr oft wird Ihre Stimme weinen, während Ihre Worte heiter sind. Manchmal wird Ihre Stimme traurig sein, Ihre Worte jedoch heiter. Immer dann, wenn Ihre Stimme etwas anderes sagt als Ihre Worte, dann sind Sie nicht in Übereinstimmung mit sich selbst.* *MWÜ 28*

Uhrenticken

Bewußt das Ticken einer Uhr oder die Geräusche der Straße wahrnehmen und sie dann durch den Zustand der Meditation aus dem Bewußtsein auslöschen.

MWÜ 29

Rollentausch

Schlüpfen Sie hin und wieder bewußt in eine neue, ungewohnte Rolle. Ziehen Sie sich dazu anders als gewohnt an. Geben Sie sich einen neuen Namen, einen neuen Beruf. Solange Sie diese Rolle spielen, identifizieren Sie sich mit dieser neuen Existenz, erleben Sie sie, ergründen Sie sie, genießen Sie sie, genießen Sie sich, schmecken Sie sich. (Guten Appetit!)
Dann fragen Sie sich: „Welche Vorteile hat diese Rolle für mich, welche Nachteile? Welche Möglichkeiten bietet sie mir, Möglichkeiten, die ich sonst in meinem Leben nicht habe? Wie fühle ich mich körperlich dabei: wohl, unbehaglich? Erfüllte mich die neue Existenzform mit ungewohnten Gedanken und Gefühlen? Erfüllte sie mir Bedürfnisse, die sonst nicht erfüllt werden? Bekam ich durch den Rollentausch etwas, was ich schon lange haben wollte und in meinem wirklichen Leben vermissen muß? Was ist aus dem Rollentausch zu lernen für mich und — mein Leben? Soll ich mein Leben ändern? Ist mein Leben auch nur eine Rolle? Soll ich mein gewohntes Leben aufgeben? Muß ich in meinem gewohnten Leben zu viel von mir aufgeben? Bin ich mir in der Rolle näher als in meinem Leben, mehr in Fühlung mit mir selbst?
Was ergibt die Rollenanalyse? Was ergibt die Lebensanalyse? Was bleibt übrig, wenn ich das eine Ergebnis vom anderen abziehe?" *MWÜ 30*

Der Tag der vollen Achtsamkeit

Mit voller Achtsamkeit: aufstehen, atmen, die Zähne putzen, austreten gehen, sich beim Frühstück allen Geschmacksempfindungen überlassen. So, während Sie in einen Apfel beißen: wie der Apfel schmeckt, oder wie das Brötchen wirklich schmeckt. Auch alle Tätigkeiten bewußter ausüben und auf die begleitenden Gedanken und die Gefühle achten: „jetzt ärgere ich mich; jetzt bin ich froh; jetzt muß ich mich überwinden, meine Arbeit auszuführen." Dies Gefühl der Überwindung hinterfragen: „Was macht mir an meiner Arbeit Freude? Was macht mir keine Freude?" Alle Menschen, denen Sie begegnen, so ansehen, als müßten Sie sie gleich beschreiben. Dieses Gefühl der Befreiung nach der Arbeit. Den Nachhauseweg in voller Achtsamkeit zurücklegen, auf die Häuser und Gärten achten, den Geruch der Straße ... undsoweiter, bis zum Einschlafen. ALLES in voller Achtsamkeit tun. *MWÜ 31*

Der Tag der vollen Achtsamkeit sollte nicht nur ein Übungstag, sondern ein besonderer Tag sein, ein Tag, der uns bewußt macht, wie viel wir automatisch tun, wie blind Gewohnheiten machen.

Hinführung 6

KEIN MENSCH WIRD SEELISCH KRANK AN SICH SELBST

Nicht unsere alltäglichen Schwierigkeiten, nicht die gesellschaftlichen Probleme machen uns krank, krank macht uns unsere Ohnmacht, krank macht uns, daß wir nichts ändern können, krank machen uns die fehlenden Lösungsmöglichkeiten für unsere Konflikte. Die großen Krankmacher sind diese Gefühle der Hilflosigkeit und des Ausgeliefertseins.
Kein Mensch wird seelisch krank an sich selbst. Die gesellschaftlichen Zustände sind die Ursache für die bestürzende Zunahme an seelischen Erkrankungen.
Glück ist keine Zielkategorie dieser Gesellschaft, sondern gesunde Wirtschaft, Profit und Zuwachsrate. Aus reiner Gewohnheit sprechen wir noch immer von „gesellschaftlicher Entwicklung".
Die von Kindheit an erlernte, täglich eingeübte Blindheit gegen soziale Mißstände.
Man läßt uns das Leben nicht so erleben, wie wir es erleben. Man sagt uns, wie wir und was wir als „gesunde Menschen" zu erleben haben und was nicht.

Jede Forderung an uns: wir sollen anders sein, als wir sind, anders handeln, als wir wollen — wird zur Ursache von Spannungen, von Ärger und Unlust. Daß wir uns über diese Forderung ärgern und gleichzeitig sie ak-

zeptieren und erfüllen, bringt uns in einen inneren Widerspruch. Ja, etwas in uns sagt: „Diese Forderungen sind berechtigt und notwendig." Das ist die Stimme der Erziehung, der Gesellschaft, der Erwartungen anderer. Gleichzeitig spüren wir einen Widerstand. Das ist der gesunde Widerstand eigener Wünsche und Bedürfnisse, die wir jedesmal unterdrücken, wenn wir diese Forderungen erfüllen.
Und so kommt es zu der häufigen Situation einander widersprechender Wünsche und Forderungen, Ziele und Bedürfnisse, die ständig mit ihrem Gegenteil in Konflikt geraten und unsere Lebenskraft lähmen. Und wenn ich dann endlich tue, was ich im Grunde nicht tun will, kann ich mich weder mit dem, was ich tue, identifizieren noch mit dem, was ich nicht tue. Zum Schluß wissen wir überhaupt nicht mehr, woran wir dran sind mit uns selbst, weil wir in diesem Hin und Her die klare Wahrnehmung unserer wirklichen Bedürfnisse und Gefühle verlieren.

Die Selbstentwicklung ist in einem guten sozialen Klima gar nicht zu vermeiden. Sie ist dann ein fast organischer Prozeß. Leider ist dieses gute soziale Klima die Ausnahme. In der Regel wird es uns von der Gesellschaft nicht zugestanden, obwohl es uns (Grundgesetz) zusteht. Die soziale Umwelt kann dem Entwicklungsprozeß so feindlich sein, daß ein Wachstum nicht möglich ist. Die Verantwortung für das eigene Leben schließt auch die Verantwortung für die Umwelt ein, in der ich lebe. Ich muß mir darüber klar werden, ob diese

Umwelt meine Entwicklung hemmt oder fördert. UND um mir darüber klar zu werden, muß ich sie erst einmal wahrnehmen und mir darüber klar werden, wie sie auf meine Entwicklung einwirkt: schädlich oder gut.
UND gesteht mir eine Gesellschaft nicht das Recht zu, so zu sein, wie ich bin, muß ich diese Gesellschaft verändern, damit ich darin so leben kann, so wie ich bin. ODER ich muß dieser Gesellschaft den Rücken kehren. Denn es gibt nicht nur diese eine Gesellschaft. ODER ich muß eine neue, eine andere Gesellschaft ins Leben rufen, gemeinsam mit Menschen, unter denen ich so sein kann, wie ich bin.
Die Kernfrage ist also: was kann, was muß ICH tun, um mich entwickeln zu können? Denn die besten Anlagen und Einsichten nützen dem Salzwasserfisch nichts, wenn er gezwungen wird im Süßwasser zu leben. UND die fleißigsten Flugübungen nützen dem Vogel im Käfig nichts, er wird immer wieder gegen die Gitterstäbe stoßen. Lebenswichtig ist, uns die Augen zu öffnen für unsere Umwelt, sie mit unseren Augen zu sehen, von uns aus zu sehen, mit unseren Bedürfnissen, unseren Wünschen und nicht so, wie MAN uns beigebracht hat, sie zu sehen. Lassen Sie sich sich nicht ausreden. Der Adler, der erkennt, daß er im Zookäfig sitzt, hat den ersten Schritt zu seiner Befreiung getan. Also: die Gitterstäbe nicht als Natur nehmen.

ICH habe ein Anrecht auf mich, *auf meine Gefühle und meine Gedanken. Ich werde mich meiner Gedanken und Gefühle nicht mehr schämen, werde sie nicht mehr verleugnen oder verdrängen. Denn ich habe begriffen, daß es in Wirklichkeit keine guten und keine schlechten Gedanken gibt. Schlecht und gut werden unsere Gedanken erst im Urteil der Gesellschaft, in der wir leben. Jemand, der von Kindesbeinen an zu Gehorsam und Pflichtbewußtsein erzogen worden ist, dem werden alle Gedanken schlecht vorkommen, die sich kritisch mit Pflicht und Gehorsam auseinandersetzen. In Wirklichkeit sind die sogenannten schlechten Gedanken gesunde Reaktionen unserer Ich-Stärke, also gute Gedanken. Und die guten Gedanken sind in Wirklichkeit die schlechten Gedanken, weil sie nichts als die Agenten und Polizisten dieser Gesellschaft in unserem Inneren sind.* *M 148*

Hier wird mancher Meditierende denken: also gibt es doch gute und schlechte Gedanken, denn ich lese gerade: die Gedanken, die ich bisher für schlecht hielt, sind gut, und die ich für gut hielt, sind schlecht. Ich meine hier nicht eine sittliche Wertung, sondern gut oder schlecht für die Selbstwerdung, für die Selbstentfaltung, gut oder schlecht für die Entwicklung zu einer reifen Persönlichkeit, die ohne moralische Wertung auskommen kann. Gut heißt also: gut für die Selbstwerdung, schlecht heißt hier: schlecht für die Selbstwerdung. Und das ist eine ganz andere Wertung als die moralische Wertung der Gesellschaft.

Ich bin gegen die Anmaßung der Gesellschaft, die selbstgerecht gut nennt, was gut ist für sie, und schlecht nennt, was schlecht ist für sie. Unsere Zeit zeigt: was gut ist für eine Profitgesellschaft und für den Profit, ist noch lange nicht gut für die 3000 Menschen, die in jeder Stunde verhungern, und nicht gut für die Arbeiter, die diesem Profit geopfert werden. Ich bin gegen eine Gesellschaft, die für eine gesunde Wirtschaft die Gesundheit der Menschen opfert. Denn was heißt hier gesunde Wirtschaft: doch nichts als steigender Profit für wenige.

Meditation ist ein neues In-der-Welt-Sein: Laß alle Gedanken, alle Gefühle zu, ohne sie zu bewerten. Nimm alles, ALLES, in Dich hinein, ohne Absicht, ohne Zweck, ohne Vorurteil, ohne etwas Bestimmtes zu wollen. UND bleib dabei immer in Fühlung mit Deinem Körper.

Je sensibler und aufmerksamer wir für uns werden, desto sensibler und aufmerksamer werden wir mit anderen Menschen umgehen. Je aufmerksamer wir unseren eigenen Wünschen und Bedürfnissen gegenüber sind, um so aufmerksamer werden wir den Wünschen und Bedürfnissen anderer Menschen gegenüber sein.

Volle Wahrnehmung schließt auch die volle Wahrnehmung der gesellschaftlichen Zustände mit ein. Wer volle Wahrnehmung erreichen will, kann seine Augen nicht vor der Welt verschließen, in der er lebt. Wie ein Sehender es nicht fertigbringen kann, nur das zu sehen, was ihm gefällt, so kann auch der Meditierende nicht vom Zustand der vollen Achtsamkeit die sozialen Zustände ausschließen, in denen er lebt.

Eine menschlichere Gesellschaft kann nur entstehen, wenn der einzelne menschlicher wird, menschlicher wird — gerade in einer unmenschlichen Gesellschaft, so schwer das auch ist. Doch die Veränderung beginnt im einzelnen, innen, nicht außen. Die Bewegung der Veränderung ist von innen nach außen und nicht — wie vielfach angenommen — von außen nach innen. Wenn wir genau auf unsere Gefühle hinfühlen, nehmen wir wahr, daß Glück und Unglück innen beginnen.

Die Selbstentfremdung ist ein Prozeß, der zu immer größerer Entfremdung von mir selbst führt, bis ich eines Tages das Gefühl dafür, wer ich wirklich bin, vollständig verloren habe. Dann kann ich mich auch nicht mehr verändern, nicht mehr erforschen, nicht mehr finden. Und wo ich zufällig doch auf mich stoße, stehe ich wirklich einem Fremden gegenüber, mit dem ich keinen Kontakt wünsche. Ich bin mir verloren gegangen. Ich habe mich verloren. UND eigentlich bin ich ein Toter, so wie jeder Mensch ein Toter ist, der eine fremde Existenz lebt.

Der angepaßte Mensch sagt zwar auch ICH, doch es ist im Grunde nicht er, der ich sagt, sondern das MAN, das durch ihn spricht wie das Orakel von Delphi. „Ich bin dagegen" heißt: man ist dagegen, „ich mag die Juden nicht" — man mag die Juden nicht.

Und ich habe bewußt die politische Dimension unseres Lebens nicht ausgelassen, „weil es sich doch um ein Meditationsbuch handelt". Alle, bis auf wenige Ausnahmen, haben mir abgeraten, „die Politik mit ins Spiel zu bringen". Diese gutgemeinten Ratschläge sind die Ratschläge von Menschen, die gelernt haben: MAN darf Meditation und Politik nicht in einem Atem nennen. Ich bin der Meinung, ich darf es nicht nur: ich muß es. Kritik in einer demokratischen Gesellschaft ist nicht nur erlaubt, sondern erforderlich.
Jeder Mensch ist, ob er will oder nicht, ein politisches Wesen, denn er lebt in einer Gesellschaft, einer politischen Gesellschaft, mit politischen Zielen. (Sozial reife Gesellschaften, wie die der Griechen vor 2000 Jahren, nannten den Menschen ausdrücklich ein Zoon politikon, ein politisches Wesen.) Und wenn Menschen heute sagen, sie kümmern sich nicht um Politik, denen sage ich: „Die Politik kümmert sich trotzdem um Euch. Weil Ihr Euch nicht um Politik kümmert, verwendet die Gesellschaft Eure Steuern gegen Eure Interessen und gegen die Interessen Eurer Kinder. Ein Mensch, der sich nicht um Politik kümmert, der hat die Regierung verdient, über die er schimpft, unter der er leidet."
Indem der Meditierende seine Fähigkeit entwickelt, nach innen zu horchen und auf das zu hören, was seine eigenen Gedanken ihm sagen, wird er weniger manipulierbar sein, denn er sucht sich nicht außen, sondern in

sich selbst. Die lauten Stimmen der Politiker und der Werbung sind für ihn keine Gefahr mehr, sondern werden ihm selbst zu Gegenständen seiner Meditation. In heiterer Gelassenheit meditiert er die Tricks, die ihn verführen wollen, ein fremdbestimmtes, manipulierbares Rädchen in dieser Maschine zu werden. Wer die Mechanismen der Manipulation durchschaut, ist am besten vor ihr geschützt.
Meditation ist der kürzeste Weg zur Selbstbesinnung und Selbstbestimmung.

Meditation ist Teil unserer sozialen Wirklichkeit. Ich kann mir nicht vorstellen, daß ein Meditierender sich klar werden kann über sich selbst, ohne sich darüber klar zu werden, in welcher Gesellschaft er lebt, heute und hier.
Ganz bewußt gebe ich in unseren Meditationen nicht dem Fernweh nach Ost und Fernost nach. Immer wieder erlebe ich, daß sich zum Beispiel die Yoga Sutras des Pantanjalis von westlichen Schülern ein Leben lang in ästhetischer Konsequenzlosigkeit meditieren lassen, ohne daß sich die Meditierenden wesentlich veränderten.
In meiner zwanzigjährigen Erfahrung mit Meditierenden habe ich immer wieder erfahren, daß wahre Einsichten verändern und daß ein veränderter Mensch viele Menschen und Zustände verändert, weil die Menschen nun in anderer Weise auf ihn reagieren müssen. Der Veränderte verändert. Der Veränderer verändert sich wiederum. Das ist der Kreis der Entwicklung.

Meditationen

Die Meditation über die Selbstentfremdung

ICH lernte zu früh, lernte es als Kind, genau so zu sein, wie meine Eltern es von mir erwarteten. Anderssein war verboten. Wie wohl alle Kinder, wollte ich ein „gutes Kind" sein, und wenn ich endlich ein gutes Kind war, ging es mir innerlich schlecht, weil ich dann viele meiner Wünsche und Bedürfnisse unterdrücken mußte. Ein „braves, gutes Kind" muß auf so vieles verzichten, weil es auf eines nicht verzichten kann: auf die Liebe der Eltern. Heute erkenne ich: damals hat bei mir der Prozeß der Selbstentfremdung begonnen. Denn wie alle „guten Kinder" schäme ich mich der Gedanken und Gefühle, die ein „gutes Kind" sicher nicht haben durfte. Zuerst verleugnete ich diese „schlimmen Gedanken" vor meinen Eltern, dann verleugnete ich sie vor mir selbst, verleugnete sie so gut, bis sie mir schließlich fremd wurden, bis ich mir fremd wurde. *M 149*

ICH muß endlich vergessen lernen, *was ich in bestimmten Situationen zu denken und zu fühlen habe, und mich darauf konzentrieren, was ich jeweils WIRKLICH denke und WIRKLICH fühle. Der Satz: „Jeder normale Mensch fühlt das doch so in dieser oder jener Situation — das und nichts anderes", dieser Satz lehrte mich, viele Gefühle und Gedanken zu verleugnen, die anders waren. DENN ich wollte vor allem ein normaler, anständiger Mensch sein. UND nur wenn ich lerne, meine wirklichen Gefühle und Gedanken wahrzunehmen, begegne ich meinem wirklichen Selbst.* *M 150*

ICH will schon darum mehr ich sein, *damit Du mehr Du selbst sein kannst. Wenn der andere spürt, daß ich wirklich ich selbst bin, wird er Mut bekommen, wirklich er selbst zu sein. Wenn ich wirklich ich bin, nur dann wirst Du den Mut bekommen, wirklich Du selbst zu sein. Und stell Dir vor, wie viele Menschen dadurch Mut bekommen werden, sie selbst zu sein, weil wir mehr wir selbst sind.* *M 151*

ICH bin verantwortlich für alles, was ich tue, *und auch für alles, was andere mit mir tun. UND ich will erreichen, daß ich allem meinem Tun mit dem Satz begegnen kann: „Ja, das habe ich getan", statt wie früher die Verantwortung für mein Tun und Lassen auf andere abzuwälzen.* *M 152*

Nicht jener, der die Götterfigur schnitzt, verwandelt das Stück Holz in einen Gott, sondern die Anbetung der Gläubigen. *M 153*

Wir müssen endlich aufhören, unsere Gefühle der Trauer, der Angst und der Ohnmacht zur Depression, also zur Krankheit zu erklären, *die wir so schnell wie möglich wieder loswerden und „ausheilen" müssen. Diese Gefühle sind bestimmt keine Krankheit, sondern die Folgen von täglichen Erfahrungen, die wir machen oder gemacht haben. Und wir tun diesen an traurige Erfahrungen geknüpften Gefühlen der Trauer Gewalt an, wenn wir sie zu Krankheiten erklären, die wir mit Therapie und Medikamenten bekämpfen müssen. Wollen wir wirklich gesund werden, DANN MÜSSEN WIR DIE ZUSTÄNDE BEKÄMPFEN, DIE SIE AUSGELÖST HABEN. Hören wir endlich damit auf, diese Gefühle als krank zu bewerten, denn sie sind natürliche, gesunde Reaktionen auf unnatürliche, ungesunde gesellschaftliche Zustände. UND nur der Normale lernt noch, sich im Wahnsinn dieser Wirklichkeit wohl zu fühlen. Mißtrauen wir dem Konzept der Normalität einer kranken Gesellschaft!* *M154*

DIE NORMALEN funktionieren darum so perfekt als Teilchen dieser Wahnsinnsmaschine, *weil sie sich mit den Augen ihrer Ausbeuter sehen, sich mit den Gedanken ihrer Ausbeuter denken, mit der Sprache ihrer Ausbeuter sich artikulieren, mit den Definitionen ihrer Ausbeuter sich definieren, mit den Bedürfnissen ihrer Ausbeuter sich identifizieren.* *M155*

Deine Freiheit und Dein Glück sind keine Freiheit und kein Glück, wenn Du nicht die Notwendigkeit der Freiheit und des Glücks für alle bejahst. M 156

Die Gefahr der seelischen Erkrankungen liegt in den krankmachenden Beziehungen zwischen den Menschen, nicht in den Menschen. M 157

Was man in jeder Gesellschaft als anständig, gut und normal bezeichnet, *hängt weitgehend von den Ausbeutern der Gesellschaft ab. Der „gute, anständige Arbeiter" aus der Sicht der Unternehmer oder aus der Sicht der Arbeiterorganisationen. Darüber meditieren. Weiter: „gute, anständige Kinder, die guten, anständigen Frauen" — wer bestimmt „gut und anständig"?* M 158

Bemühten wir uns so eingehend um die Erkenntnis der Gegenwart wie um die Erkenntnis der Zukunft, dann sähe es besser aus mit unserer Zukunft und mit unserer Gegenwart. M 159

Am Anfang der wirklichen Gesundheit steht die Einsicht in den zunehmenden Wahnsinn der gesellschaftlichen Normalität. UND es gibt dann ein Leben vor und ein Leben nach dieser Einsicht. M 160

Antworten auf Leserfragen zur Gruppenmeditation

verbunden mit meinem DANK an die Leser, welche die externen INTA-Meditationsgruppen geschaffen haben.

Ich will hier keine Theorie vorlegen, sondern von meinen persönlichen Erfahrungen mit der Gruppenmeditation berichten. Ich sage den Meditierenden nicht, was sie bei der Meditation denken oder fühlen sollen, ich berichte ihnen, aufrichtig, was ich denke und fühle.
Viele, die dieses Buch gelesen und die Texte meditiert haben, wenden sich an mich mit der Bitte, an einer Gruppe im INTA-Meditationszentrum (IMZ) teilnehmen zu können. Wegen der großen Nachfrage und der beschränkten Teilnehmerzahl, die das IMZ nur aufnehmen kann, sind wir gegenwärtig nicht in der Lage, die verständlichen und auch oft dringend vorgebrachten Bitten nach Aufnahme ins IMZ zu erfüllen.
Also überlegten wir, wie eine konstruktive Lösung zu finden wäre. Doch die Lösung fanden nicht wir, sondern die abgewiesenen Leser: in Berlin schlossen sich 1979 zum ersten Mal Studenten zu einer Gruppe zusammen, um gemeinsam das Buch durchzuarbeiten. Dieser Weg hat sich als sehr fruchtbar erwiesen, denn der Leser kommt aus seiner Vereinzelung heraus und kann mit anderen Menschen Meditationserfahrungen austauschen.
Unsere Vergleiche zwischen den internen und den externen INTA-Meditationsgruppen haben klar gezeigt, daß die Bildung von externen Gruppen etwas ganz anderes als eine Notlösung war, denn die Ergebnisse der externen Gruppen reichen nicht nur an die der internen Gruppen heran, sondern übertreffen sie sogar oft in den kreativen Neugestaltungen des Gruppengeschehens.
Wir konnten also bald den Vorbehalt der Notlösung

fallenlassen — mit gutem Gewissen und um Erfahrungen bereichert, DENN es zeigte sich, daß Menschen, die im gewohnten sozialen Umfeld meditieren, also im ununterbrochenen Austausch mit Alltagserfahrungen bleiben, schneller zu einer veränderten, gefestigten Identität durch die Meditation gelangen als die internen, von der gewohnten Umgebung abgeschirmten Gruppenmitglieder.
Kurz und gut: wir danken den externen Gruppen die wichtige und für uns überraschende Erfahrung, daß sie einen Fortschritt für die INTA-Meditation darstellen. Es hat sich wieder einmal gezeigt, daß Hindernisse die Kreativität herausfordern und daß neue Wege befruchtend auf alte wirken. So haben wir nicht nur ein Problem bewältigt, sondern dieses Problem hat eine neue Form der INTA-Meditation geboren.
Darum können wir allen Lesern, die keine Aufnahme im IMZ finden, aus guter Erfahrung empfehlen, selbst eine Gruppe zu bilden. Ein paar Gleichgesinnte zu finden, das ist leichter, als es sich die meisten Leser vorstellen.

Warum INTA-Meditationsgruppen?

Die INTA-Meditations-(IM-)Gruppe öffnet dem einzelnen neue Möglichkeiten, nach innen zu denken, zu fühlen, zu schauen und zu hören — neue Erfahrungen mit sich selbst und anderen zu machen. Wie eingeschränkt diese Erfahrungs- und Fühlfähigkeit ist, bleibt uns zumeist durch die Gewohnheit verborgen — wie ungeahnt verborgen, das wird jeder Teilnehmer bald selbst entdecken. Wir haben den Zugang zu uns mit einer Müllhalde von ungelebten Worten und Therapieformeln zugeschüttet. Legen wir ihn frei.

Form und Inhalt

Gruppeninteressierte sollten unbedingt vorbereitend die Hinführungstexte als wichtigen Zugang zur INTA-Meditation lesen.
Form und Inhalt der INTA-Meditation sind in diesem Buch ausführlich beschrieben.

Einzel- und Gruppenmeditation

In der Einzelmeditation ist der einzelne, situationsbedingt, ganz sich selbst überlassen, in der Gruppenmeditation — und darin liegt ihr Vorteil — kommt es zu einer zwischenmenschlichen Erfahrung und damit zu erweiterten Einsichten, die dem Meditierenden in der Einzelmeditation verschlossen bleiben. Die Gruppe ist ein um alle Gruppenmitglieder erweitertes psychisches Kräftefeld mit einer eigenen Dynamik, mit eigenen Möglichkeiten. Und der Lernprozeß in der Gruppe ist demzufolge fruchtbarer als eine noch so tiefe Einzelerfahrung mit den Meditationstexten.
Die Entdeckungen und Einsichten des Alleinmeditierenden sind weitgehend auf ihn allein begrenzt. In der Gruppe überschreitet er diese Begrenzung und nimmt Anteil an Erfahrungen und Einsichten anderer Menschen. — Ich berichte hier nur von Erfahrungen.
Im Zentrum der Gruppenarbeit steht das gemeinsame

Meditieren, die Gruppenmeditation. In der gemeinsamen Meditation wird der einzelne erleben, daß die gleiche Meditation bei verschiedenen Menschen sehr verschiedene Gefühle und Gedanken auslösen kann.
Ich betrachte somit die gemeinsame Meditation als **erweiterte Meditation**, weil sie den Rahmen des einzelnen erweitert und ihm die Gefühle und Gedanken anderer Menschen zugänglich macht.
In der Gruppe bietet sich zudem die Gelegenheit, Erfahrungen, die der einzelne beim Meditieren außerhalb der Gruppe mit sich macht, auszutauschen und gemeinsam durchzuarbeiten.

Kein Zwang zur Gruppe

Hier soll kein Zwang zur Gruppe ausgesprochen werden. IM-Interessierte mit einer Abneigung gegen Gruppen sollten diese Abneigung ernst nehmen und sich nicht durch die Regel verführen lassen. Wo es Regeln gibt, gibt es Ausnahmen. Und jeder einzelne kann diese Ausnahme sein.
Es ist durchaus möglich — und auch hier spreche ich nur von Erfahrungen —, daß einzelne genauso weit kommen wie Teilnehmer einer Gruppe. Wesentlich ist, daß jeder Meditierende unbedingt seinen Wünschen und Bedürfnissen gerecht wird. Wenn sie ihm deutlich signalisieren, Gruppen zu meiden, sollte er der deutlichen Sprache seiner Wünsche und Bedürfnisse folgen und sich keinem Zwang aussetzen. (Das Ziel der IM ist sowieso, aus abhängigen Menschen unabhängige zu machen.)

Doch es ist wichtig, daß auch der „geborene Einzelgänger” die Gruppenarbeit nicht unterschätzt und sie als Möglichkeit sieht und daran denkt: daß für uns Menschen nichts so natürlich ist, wie in Gruppen zu leben und zu arbeiten. Zu der erstaunlichsten Erkenntnis der Gruppenforschung gehört die Tatsache, daß die Zahl der Gruppen viel größer ist als die Zahl der Menschen, denn jeder Mensch ist ja Mitglied von zahlreichen Klein- und Großgruppen. (Zählen Sie doch mal zusammen, wie vielen Gruppen Sie angehören und — staunen Sie: ein Leser brachte es auf das Verhältnis 1 zu 33!)

Die IM-Gruppen sind Gruppen ohne Gruppenleiter

Jeder ist mitverantwortlich für das Gruppengeschehen. Dies ist ein Gruppenmodell, wie es seit langem die Selbsthilfegruppen nachweislich mit großem Erfolg praktizieren. Untersuchungen zeigen klar, daß Gruppen ohne Leiter zu gleichen oder ähnlichen Ergebnissen kommen wie die Gruppen mit einem Leiter. (So auch Carl R. Rogers in ENCOUNTER GRUPPEN.)

Die IM-Gruppe ist keine Therapiegruppe

IM-Interessierte, die sich in Therapie befinden, sollten ihre Teilnahme an der Meditation vorher mit ihrem Therapeuten besprechen. Eine gleichzeitige Teilnahme an einer IM- und einer Therapiegruppe ist natürlich möglich und hat sich, in der Regel, als gegenseitig befruchtend erwiesen. Doch ist ein Beratungsgespräch mit dem jeweiligen Therapeuten notwendig, denn jeder kann die Ausnahme sein.

Es gibt keine absoluten Regeln

Meine Gedanken zur Gruppe möchte ich keinesfalls als „absolute Regeln" verstanden wissen, die starr übernommen werden sollten. Jede Gruppe kann die Regeln übernehmen oder auch abwandeln, verwandeln. Wie gesagt: sie sind allmählich und durch Erfahrungen entstanden, also können sie durch neue Erfahrungen verändert werden.

Nach meiner Erfahrung läßt sich das Erlebnis der menschlichen Begegnung eben nicht in starre Regeln pressen. Regeln, die als unabänderliche Dogmen erlebt werden, bestimmen und manipulieren das Erlebnis der menschlichen Begegnung und verhindern gerade die Spontaneität und Flexibilität, die sie ermöglichen wollen. Auch die besten Regeln — das sollten wir uns zur Regel machen — dürfen nicht kritiklos übernommen, sondern müssen an der eigenen Erfahrung gemessen und gegebenenfalls verändert werden.

Organisatorische Voraussetzungen

Die Erfahrung zeigt, daß Gruppen zwischen acht und zwölf Teilnehmern am besten arbeits- und lebensfähig sind.

Ferner ist es wichtig, die Häufigkeit und Regelmäßigkeit der Begegnungen vorher festzulegen (entweder jede Woche oder alle vierzehn Tage), ebenso die Dauer einer Begegnung (zwei oder drei Stunden).

Für den gruppendynamischen Prozeß ist wichtig, daß die Gruppe spätestens nach den ersten sechs Begegnungen geschlossen bleibt.

Die Lebensdauer einer Gruppe ist nicht begrenzt.
Damit jeder jeden in der Gruppe voll kennenlernen kann, ist es wichtig, daß die Gruppe sich reihum auch bei jedem Gruppenmitglied trifft, ganz gleich, ob es eine große oder kleine Wohnung hat.

Um die Gruppe wirklich kennenzulernen

Hat sich ein Interessierter zur Teilnahme an einer IM-Gruppe entschlossen, dann sollte es sich nicht nur um einen spielerischen Versuch handeln, sondern um einen ernsthaften Versuch, Lernprozesse einzuleiten und neue Erfahrungen zu machen. Deshalb ist es nötig, an den ersten vier Gruppensitzungen teilzunehmen — dies als Voraussetzung für eine echte Entscheidung. Wer sich schon nach dem ersten oder zweiten Mal gegen die Gruppe entscheidet, hat noch zuwenig Erfahrung mit der Gruppe gemacht. Es ist ein Merkmal der Reife zu wissen, wofür oder wogegen wir uns entscheiden, zu wissen, warum wir etwas tun oder nicht tun.

Ist eine Einführung notwendig?

Da die inneren Prozesse ausführlich im Buch dargelegt sind, ist eine Einführung keine notwendige Voraussetzung für die optimale Arbeitsfähigkeit der Gruppe.
In den Fällen, in denen eine Einführung gewünscht wird, möchte die betreffende Gruppe sich mit Atina Haberkern (siehe Kontaktadresse am Ende) in Verbindung setzen, damit die Einführung durch ein Ausbildungsmitglied des IMZ aus dem Raum, in dem die

Gruppe sich gebildet hat, durchgeführt werden kann. Sollte eine Einführung von mir selbst gewünscht werden, so ist dies ausdrücklich zu vermerken. Allerdings kann ich diesen oft geäußerten, verständlichen Wunsch aus Zeitgründen leider nur selten berücksichtigen.
Vor der Einführung sollten die Teilnehmer mit der Methode, wie sie im Buch beschrieben ist, wenigstens einigermaßen vertraut sein, damit sie die ihnen wichtigen Fragen gezielt stellen können und die Einführung ihnen wirklich hilfreich sein kann. Die Gruppe sollte vor der Einführung schon mindestens viermal miteinander gearbeitet haben. Dieser scheinbare Widerspruch von Einführung, die doch am Anfang stehen müsse, wird durch die Erfahrung aufgelöst, daß Gruppen, die bereits arbeiten und leben, nicht mehr theoretische Fragen stellen, sondern Fragen, die sich tatsächlich aus eigener Erfahrung dem einzelnen und der Gruppe stellen. DIE GRUPPE MUSS DIE MÖGLICHKEIT HABEN, SICH ERST EINMAL SELBST ZU ENTDECKEN (siehe „Was ist Meditation", S. 15 und die Seiten 45 f.).
In diesem Sinne ist die Selbstentdeckung der Gruppe die Voraussetzung für eine möglichst wirksame Einführung.
Was einzelne Gruppenmitglieder zunächst als Unsicherheit erleben: „Machen wir auch ALLES richtig?", erweist sich immer als Voraussetzung für entscheidende Selbsterfahrungen. Nur diese Unsicherheit hilft, eigene Wege zu finden und zu gehen. Jeder Mensch kann nur durch eigenen Mund satt werden, nur durch eigene Erfahrungen lernen.

Honorar

Die Einführung dauert drei Stunden. Das Honorar für die Einführung beträgt je Teilnehmer 27,— DM. Sozialtarif für Rentner und Studenten 15,— DM, für Arbeitslose und Schüler 10,— DM. In sozialen Härtefällen ist Nulltarif auf Anfrage möglich.
Zum Honorar hinzu kommen die Unkosten für die Bahnfahrt 2. Klasse und, soweit erforderlich, die Kosten für eine Übernachtung. Um die Kosten zu senken, kann, wenn die Möglichkeit dazu besteht, der Einführende bei einem Gruppenmitglied übernachten.
Die Unkosten tragen die Gruppenmitglieder anteilmäßig.

Erweiterte Hinführung

Es besteht die Möglichkeit, nach etwa sechs Monaten nach der Einführung, gegebenenfalls Probleme in der Gruppe gemeinsam mit dem Einführenden zu besprechen und durchzuarbeiten.
Das Honorar für diese erweiterte Hinführung ist das gleiche wie für die Einführung.

St. Ulrich, IMZ, 1982.

Kommunikationsweg für IM-Gruppeninteressierte:
Atina Haberkern
Dipl. Psych., Klinische Psychologin
Silvanerweg 17, D-7750 Konstanz
Tel. (0 75 31) 5 35 70.

Verzeichnis
der Meditationen
der Assoziationsmeditationen
der meditativen Wahrnehmungsübungen

Verzeichnis der längeren MEDITATIONEN

Kapitel 3

Verzeichnis der ASSOZIATIONSMEDITATIONEN

Verzeichnis der
MEDITATIVEN WAHRNEHMUNGSÜBUNGEN

Bibliographie

Manche Leser erinnern sich wahrscheinlich an den Werbespruch: „Bücher sind Erfahrungen, die man kaufen kann." Natürlich sind und bleiben viele Bücher nur Bücher und nicht Erfahrungen, die wir kaufen. Jedoch diese Bücher, sie waren für mich wirklich so etwas wie Erfahrungen, die ich nicht missen möchte, weil ohne sie ich heute nicht der wäre, der ich bin. Diesen Büchern sei Dank, denn jedes war in seiner Weise wichtig und genau das richtige Buch im richtigen Augenblick für mich — darauf kommt es an!
Hier ist die Stelle, um von einer merkwürdigen Erfahrung zu berichten: manche dieser Bücher wurden mir erst beim zweiten Lesen zur Selbsterfahrung, zum Aha-Erlebnis. Und zwischen dem ersten und dem zweiten Lesen lagen manchmal Jahre — auch eine Erfahrung.

Arrabal: Riten und Feste der Konfusion, Melzer 1969
Artaud, Antonin: Das Theater und sein Double, Fischer
Beauvoir, Simone de: Das andere Geschlecht, Rowohlt 1965
Camus, Albert: Sisyphos, Rowohlt 1963
Cardenal, Ernesto: In Kuba, Hammer 1980
Cooper, David: Der Tod in der Familie, Rowohlt 1972
Dostojewskij, Fedor M.: Der Idiot, Piper 1961
dito: Die Sanfte, Piper 1962
dito: Tagebuch eines Schriftstellers, Piper 1963
Duhm, Dieter: Angst im Kapitalismus, Kübler 1972

Engels, Friedrich: Der Ursprung der Familie, des Privateigentums und des Staats, Dietz 1974
Frank, Anne: Das Tagebuch, Schneider 1950
Frazer, James G.: Der goldene Zweig, Kiepenheuer und Witsch 1968
Freud, Sigmund: „Selbstdarstellung", Fischer 1971
dito: Das Unbehagen in der Kultur, Fischer 1955
Fried, Erich: Und Vietnam und, Wagenbach 1974
Frisch, Max: Tagebücher, Suhrkamp 1965 und 1979
Fromm, Erich: Haben oder Sein, Dt. Verl.-Anst. 1978
Gandhi, Mahatma: Autobiographie, Alber 1960
Gide, André: Tagebücher, Dt. Verl.-Anst. 1961
Goethe, Johann W.: Maximen und Reflektionen, dtv 1963
Gruhl, Herbert: Ein Planet wird geplündert, Fischer 1978
Guevara, Ernesto C.: Bolivianisches Tagebuch, Trikont 1968
Haag, Lina: Eine Handvoll Staub, Röderberg 1980
Hamsun, Knut: Auf überwachsenen Pfaden, List 1959
Heine, Heinrich: Geständnisse, Aufbau 1967
Hesse, Hermann: Briefe, Suhrkamp 1964
Heutig, Hartmut von: Wendepunkte, Manuskripte 1979
Hochhuth, Rolf: Krieg und Klassenkrieg, Rowohlt 1971
Horney, Karen: Der neurotische Mensch unserer Zeit, Kindler 1971
Huxley, Aldous: Literatur und Wissenschaft, Piper 1961

Jones, Ernest: Sigmund Freud — Leben und Werk, Fischer 1969
Jung, C. G.: Erinnerungen, Träume und Gedanken, Rascher 1967
Kafka, Franz: Tagebücher, Fischer 1949
Koestler, Arthur: Die Nachtwandler, Scherz 1959
Korczak, Janusz: Wie man ein Kind lieben soll, Vandenhoeck 1974
King, Martin L.: Testament der Hoffnung, Mohn 1976
Laing, Ronald D.: Phänomenologie der Erfahrung, Suhrkamp 1973
Levi, Primo: Ist das ein Mensch?, Fischer 1961
Luxemburg, Rosa: Ich umarme Sie in großer Sehnsucht, Briefe aus dem Gefängnis, Dietz 1980
Mandel, Anita und Karl H. u. a.: Einübung in Partnerschaft, Pfeiffer 1972
Mandel, Ernest: Der Spätkapitalismus, Suhrkamp 1972
Marcuse, Ludwig: Nachruf auf L. Marcuse, List 1969
Marti, Kurt: Leichenreden, Luchterhand 1974
Marx, Karl: Grundrisse der Kritik der politischen Ökonomie, Europ. Verl.-Anst.
Mead, Margret: Mann und Weib, Rowohlt 1973
Miller, Henry: Sexus, Rowohlt 1970
Montherlant, Henry de: Tagebücher, Kiepenheuer und Witsch 1961
Nietzsche, Friedrich: Also sprach Zarathustra, Hanser 1966
dito: Jenseits von Gut und Böse, Hanser 1966
Nin, Anaïs: Tagebücher, Wegner 1969

Pearls, Fritz: Das Ich, der Hunger und die Aggression, Klett-Cotta 1978

Plack, Arno: Die Gesellschaft und das Böse, List 1971

Rauter, E. A.: Wie eine Meinung in einem Kopf entsteht, Weismann 1971

Reich, Wilhelm: Die Funktion des Orgasmus, Kiepenheuer und Witsch 1969

Richter, Horst E.: Flüchten oder Standhalten, Rowohlt 1976

Rilke, Rainer M.: Briefe (Ich bin für das Noch-nicht-Gesagte), Insel 1930

Rogers, Carl: Entwicklung der Persönlichkeit, Klett 1963

Sartre, Jean P.: Die Wörter, Rowohlt 1966

Scholl, Inge: Die weiße Rose, Fischer 1955

Schwäbisch, Lutz, Siems, Martin: Anleitung zum sozialen Lernen für Paare, Gruppen und Erzieher, Rowohlt 1974

Sölle, Dorothee: Sympathie, Kreuz 1979

Taylor, Gordon R.: Das Selbstmordprogramm, Fischer 1971

Tucholsky, Kurt: Briefe, Rowohlt 1962

Watzlawick, Paul: Die Möglichkeit des Anderssein, Huber 1977

Wittgenstein, Ludwig: Tractatus logicophilosophicus, Suhrkamp 1966

Woolf, Virginia: Fahrt zum Leuchtturm, Fischer 1956

Zwerenz, Gerhard: Kopf und Bauch, Fischer 1971

Aus dem Lyrikband:

Schleichwege zum Ich I

Ich bin mir mein eigenes Versuchskaninchen

Manchmal, während ich mich selbst beobachte,
als Fremder neben mir stehe und
mein eigenes Versuchskaninchen bin,
neben mir stehe
und mir von weitem zusehe,
wie ich im vergitterten Käfig
einer schwierigen Situation
nicht aus noch ein weiß
und einen elektrischen Schlag (Schicksalsschlag)
nach dem anderen bekomme,
bis nichts mehr da ist,
womit ich mich belügen,
wohinter ich mich verbergen,
womit ich mich trösten könnte, nichts mehr.
In solchen Augenblicken lerne ich,
wie erstaunlich,
wie erstaunlich
die Selbstverständlichkeiten sind
gerade sie.
Und hilflos fühle ich,
wie ich mir dabei,
eins zwei drei,
in Fleisch und Blut übergehe,
während ich mich neu buchstabiere:
mühsam, Erfahrung für Erfahrung.

ISBN 3-921778-07-7 142 Seiten

Weitere Werke des Autors:

Suchen Sie Magdalena?
(Im S. Fischer-Verlag, Frankfurt)
Brauchen Hungernde denn Gedichte?
Ordensunreife Gedanken
Lösch die Feuertulpen
(Im Theiss-Verlag, Berlin)
Schleichwege zum Ich I
Überprüfung eines Abschieds
Glück aus Versehen? Unglück aus Verstehen?
Anstiftung zum Glück
Daß das Glück ganz anders ist
Wie tot sind die Toten?
Stabile Träume und andere Wirklichkeiten
Brauchen Hungernde denn Gedichte? I
Hauch (nicht) das Thermometer an, wenn Du frierst!
Eine Eiche in einen Blumentopf gepflanzt...
Zu Oasen führen alle Wege durch die Wüste
Der Mann von 50 Jahren
Augen-Blicke
Gedichte zum Auswendigleben
Am Anfang war das Wort
All meine Qual
Fleisch der Zeit
Ein tödlicher Fall von Nächstenliebe
Passende Wüste für Fata Morgana gesucht
Der Zeuge (El Ghalal)
Der Neue Tod
Unser täglich Faschismus
Warten auf Marx
(Im Nie/nie/sagen-Verlag, Konstanz/Freiburg)

Seine Hörspiele wurden gesendet u. a. von der Deutschen Welle, dem Saarländischen Rundfunk und dem Bayerischen Rundfunk.

Werner Sprenger
Augen-Blicke

ISBN 3-921778-03-4 84 Seiten

Es kommt nicht so sehr darauf an zu sehen, was noch keiner sah, vielmehr darauf, an dem, was alle jeden Tag sehen, zu bemerken, was alle nicht bemerken.

(frei nach Schopenhauser)

(S. 11)

Das unbekannte Gesicht
der bekannten Welt
im Frühmorgengrau.
Und ich stehe am Fenster, hellwach,
wachgerüttelt von dem Gedanken,
wie die Zeit vergeht
und –
was ich alles nicht gesehen,
alles nicht getan habe.

(S. 41)

Werner Sprenger
Anstiftung zum Glück

ISBN 3-921778-13-1 144 Seiten

Anstiftung zum Glück

Wie kann ich Dich
zu Dir selbst verleiten?
Wie kann ich Dich anstiften
zu Deinem Glück?
Wie kann ich Mitwisser werden
Deines verschütteten Wissens um Dich?
Wie kann ich Mittäter werden
Deiner Selbstbefreiung?
Wie kann ich Dich nötigen,
daß Du Dich ernster nimmst?
Wie kann ich Dich verleiten,
wenigstens die Geduld mit Dir zu haben,
die Du mit mir und anderen hast?
Wie kann ich Dich anstiften,
daß Du Dich nicht mißbrauchst?
Wie kann ich Dich zu Dir selbst verleiten?

(S. 17)